TRIERER WINCKELMANNSPROGRAMME

TRIERER WINCKELMANNSPROGRAMME

BEGRÜNDET VON GÜNTER GRIMM
FORTGEFÜHRT VON
TORSTEN MATTERN UND MARKUS TRUNK

HEFT 22

2009

INSTITUT FÜR KLASSISCHE ARCHÄOLOGIE DER UNIVERSITÄT ZU TRIER

DETLEV KREIKENBOM

Lepcis Magna unter den ersten Kaisern

HARRASSOWITZ VERLAG · WIESBADEN

Gefördert mit Mitteln der Universität Trier.

Die Bände 1–21 sind im Verlag Philipp von Zabern erschienen.

Bibliografische Information der Deutschen Nationalbibliothek
Die Deutsche Nationalbibliothek verzeichnet diese Publikation in der Deutschen Nationalbibliografie; detaillierte bibliografische Daten sind im Internet über http://dnb.d-nb.de abrufbar.

Bibliographic information published by the Deutsche Nationalbibliothek
The Deutsche Nationalbibliothek lists this publication in the Deutsche Nationalbibliografie; detailed bibliographic data are available in the internet at http://dnb.d-nb.de.

Informationen zum Verlagsprogramm finden Sie unter
http://www.harrassowitz-verlag.de

Gedruckt auf alterungsbeständigem Papier.
Satz und Layout: Susanne Nakaten, Trier
Druck und Verarbeitung: Memminger MedienCentrum AG
Printed in Germany
ISSN 2192-7650
ISBN 978-3-447-06558-0

Inhaltsverzeichnis

Vorwort der Herausgeber

Die Trierer Winckelmannsprogramme enthalten die schriftlichen Fassungen der Festvorträge, mit denen das Fach Klassische Archäologie an der Universität Trier Johann Joachim Winckelmann, den Begründer der Klassischen Archäologie als wissenschaftliche Disziplin, anläßlich seines Geburtstages (9. Dezember 1717) alljährlich zu ehren pflegt. Die Reihe wurde 1979 von Günter Grimm – der auch unser Fach an der Trierer Universität etablierte – mit einem Vortrag von Erika Simon über die Götter am Trajansbogen von Benevent begründet. Bis zu seiner Emeritierung erschien beinahe jedes Jahr ein Band, der letzte (mit dem Vortrag von 2004) im Jahre 2007. Bis dahin hatte sich das Trierer Winckelmannsprogramm längst zu einer renommierten Reihe entwickelt, die auch internationale Beachtung gefunden hat. Mit den Winckelmannsfeiern 2005 bis 2008 gelang es zwar, den Brauch der Festvorträge stetig fortzuführen; auf ihre Veröffentlichung in gedruckter Form mußte jedoch verzichtet werden. Um so mehr freut es uns, daß wir jetzt mit dem 22. Band und dem Vortrag von 2009 an die vertraute Tradition wieder anknüpfen können.

Leider ist es Günter Grimm nicht mehr vergönnt zu erleben, daß die von ihm mit großem persönlichen Engagement betreute Reihe nun ihre Fortsetzung findet. Sein unerwarteter Tod verhindert dies; er hat für uns alle, nicht nur für Familie und persönliche Freunde, sondern auch für Kollegen, Mitarbeiter und Studenten eine schmerzhafte Lücke hinterlassen.

Nicht zuletzt dank seiner mitreißenden Begeisterung für unser Fach war es Günter Grimm gelungen, sämtliche Universitätsleitungen der letzten Jahrzehnte von der Bedeutung der Wickelmannsprogramme zu überzeugen und so ihre Unterstützung zu gewinnen. Wir freuen uns sehr, daß – ganz in seinem Sinne – auch der hier vorgelegte Band dank der großzügigen Hilfe unseres amtierenden Präsidenten, Herrn Prof. Dr. Peter Schwenkmezger, ermöglicht wurde und danken ihm dafür herzlich. Weiterhin danken wir dem Harrassowitz-Verlag, der die verlegerische Betreuung der Reihe übernommen hat, namentlich Frau Dr. Barbara Krauß.

Die Trierer Winckelmannsprogramme schmückt das Universitätssiegel der Alma Mater Treverensis aus dem 15. Jahrhundert mit der Legende:

TREVERIS EX URBE DEVS COMPLET DONA SOPHIE

„In der Stadt Trier führt Gott die Gaben der Weisheit zur Vollendung“

In der Mitte ist wahrscheinlich der Apostel Matthias dargestellt, umgeben von den Bischöfen Ambrosius und Augustinus sowie den Wappen der Stadt Trier (St. Peter) und des Trierer Erzstiftes (Trierer Kreuz).

Torsten Mattern *Markus Trunk*

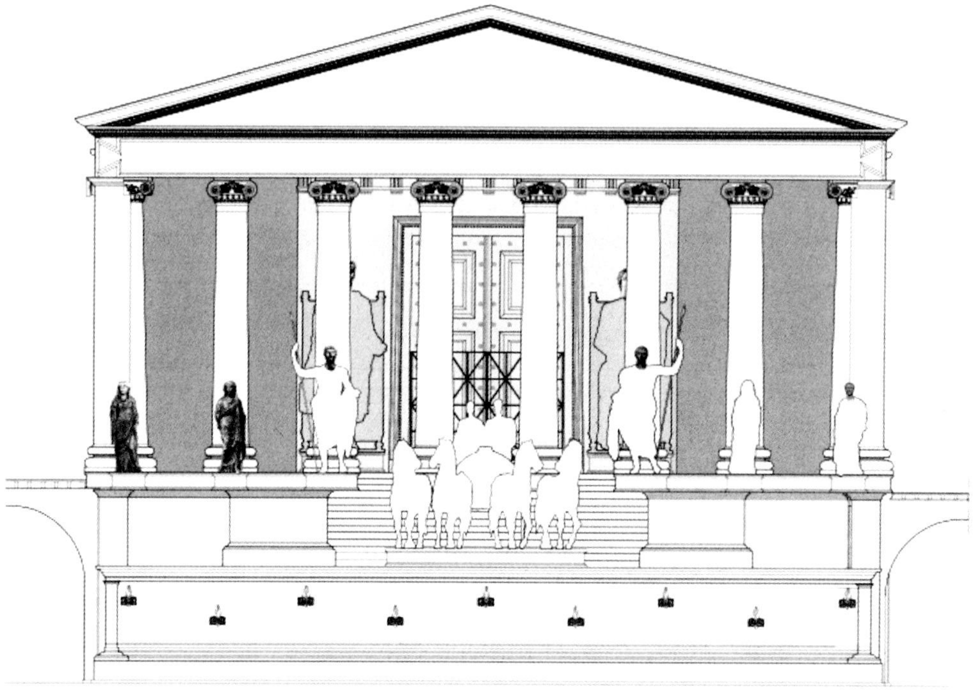

1 Forum, Roma-Augustus-Tempel, Rekonstruktion

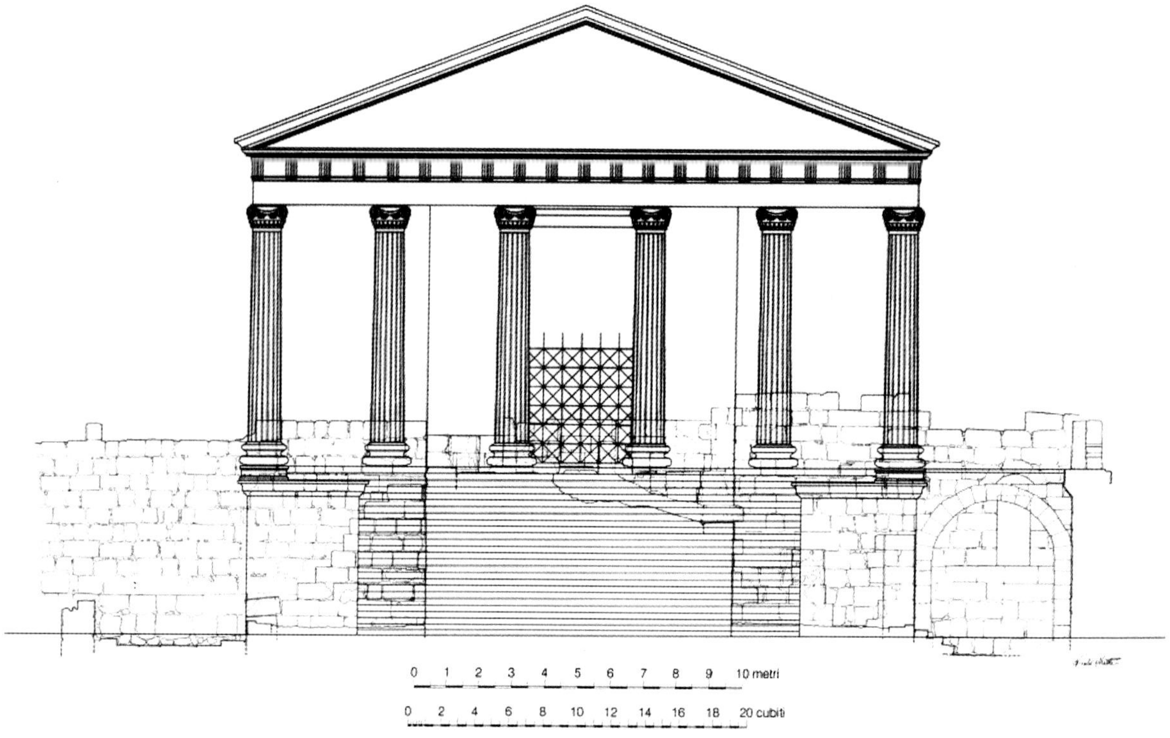

2 Capitolium, Rekonstruktion

Lepcis Magna unter den ersten Kaisern

Das Thema ,Romanisation' war Gegenstand zahlreicher Publikationen der letzten Jahrzehnte.[1] Aus historischer wie archäologischer Perspektive wurden Annäherungen an ein Problemfeld gesucht, das, so mag es jedenfalls scheinen, in modernen Globalisierungsprozessen Analogien findet. Tatsächlich gingen von der Beobachtung gegenwärtiger Phänomene essentielle Anregungen aus, um sich mit der Ausbreitung einheitlich anmutender kultureller Repräsentationen in nahezu allen Regionen der Alten Welt zu beschäftigen. Das Forschungsinteresse war an sich keineswegs neu, erfuhr seit den 80er Jahren aber eine außerordentliche Intensivierung.

Bewußt oder unreflektiert basieren die Studien auf Modellen, die gemeinhin bis in das 19. Jahrhundert zurückreichen. Theoretische Ansätze stammten aus anderen Disziplinen, insbesondere der Ethnologie, von der die Altertumswissenschaften für einige Zeit und folgenreich das Konzept der Akkulturation übernahmen. Nach längeren, zuerst in der angelsächsischen Archäologie geführten Diskussionen kamen jedoch starke Zweifel an seiner Gültigkeit auf.[2] In der Ethnologie und benachbarten Disziplinen hatte sich zuvor schon das dort bis heute dominante Konzept eines dynamischen Kulturkontakts durchgesetzt. Ihm liegt die Einsicht zugrunde, daß Gemeinschaften zwar bis zu einem gewissen Grad stets an ihre Wahrnehmungs- und Handlungsmuster gebunden bleiben, darüber hinaus aber ihre Werte, Normen und Symbole konstant neu aushandeln.[3] Von diesem Ansatz her kann auch die römische Kultur nicht mehr als Monolith betrachtet werden, sondern nur als Rahmendefinition für unterschiedliche Bereiche und Vorgänge von potentieller Dynamik.[4] Das gilt sowohl für die Gegenstände des Diskurses als auch deren variable Bedeutungshaltigkeit.[5]

So indifferent der Terminus ,römische Kultur' damit wird, bleibt methodisch dennoch keine andere Wahl, als sich seiner weiterhin zu bedienen; gleichzeitig sind aber die Komplexität und Eigenständigkeit der unter dem Begriff versammelten Phänomene stets im Blick zu behalten. Entsprechendes gilt für das Gegensatzpaar ,Romanisierung' und ,Romanisation', dem sich im letzten Drittel des vergangenen Jahrhunderts eine intensive Auseinandersetzung widmete.[6] Stand an deren Beginn eine herkömmliche Überbetonung der Romanisierung im Sinne eines Transfers, der entweder auf römischer Einflußnahme beruht habe oder durch die Überlegenheit römischer Kultur in sich selbst begründet gewesen sei,[7] so tendierte die Meinung mit der Zeit fortschreitend – und anhaltend – zu einer starken Akzentuierung des alternativen Konzepts. Ihm gemäß lag die Initiative bei den lokalen oder regionalen Kommunitäten in den Provinzen oder sogar noch jenseits der Reichsgrenzen.[8] Sie hätten sich aus eigenen Stücken zu ,Römern' gemacht, d. h. in ihr Kommunikationsnetz Repräsentationsformen eingegeben, bei deren Gebrauch die Beteiligten sich als Teilhaber an der großen, ,weltweiten' Kultur auswiesen und wechselseitig bestätigten. Dafür hätte es auch keiner Anforderung von außen oder gar disziplinierender Maßnahmen bedurft.[9] Etwa seit der Jahrtausendwende wird solch absolutes Verständnis wieder relativiert, indem Vertretern des römischen Staats erneut ein Anteil konzediert wird, so daß die Relation von Romanisation und Romanisierung derzeit in der Forschung nicht auf ein striktes Muster eingeschränkt ist.[10]

Die Spannung von Romanisierung und Romanisation wurde bereits antik reflektiert, auch wenn es keine betreffenden Begriffe gab. So entwirft Tacitus in einem bekannten Passus des *Agricola* ein einprägsames Bild vom kulturellen Wandel, der sich in einem Teil Britanniens unter römischem Einfluß vollzogen habe, und ordnet in diesem Kontext der Einwirkung des Statthalters auf Vertreter der einheimischen Bevölkerung eine Initialwirkung zu: „[...] er ermunterte sie persönlich (*privatim*), unterstützte sie öffentlich (*publice*),[11] daß sie *templa fora domos* errichten sollten, wobei er die Raschen lobte und die Trägen schalt: So war Wetteifer um die Ehre an die Stelle des Zwangs getreten. Dann ließ er die Söhne der Fürsten in den freien Künsten bilden [...], so daß die, welche eben noch die römische Sprache abwiesen, jetzt Beredsamkeit begehrten. In der Folge kam sogar unser Aussehen zu Ehren, und die Toga wurde häufig. Und allmählich ging man zu Annehmlichkeiten und Ausartungen über, zu Säulenhallen, Bädern und erlesenen Festgelagen. Und das hieß bei den Unerfahrenen *humanitas*, während es ein Teil der Knechtschaft war."[12]

Die Angaben zu den Leistungen des Statthalters und der Effizienz seines Handelns mögen von Tacitus nicht unerheblich geschönt worden sein, war ihm doch daran gelegen, die Tätigkeit seines Schwiegervaters Agricola uneingeschränkt als Erfolgsgeschichte zu bilanzieren. Indirekt figuriert Agricola als ein positives Gegenbild zu Varus, welcher als Statthalter in Germanien durch Ungeduld und die Erteilung von Befehlen die indigene Bevölkerung gegen sich aufgebracht und deren gerade erreichte Bereitschaft zur Übernahme römischer Muster vernichtet haben soll.[13] Sichtlich liegt ein gemeinsames Kategorienschema zugrunde. Unabhängig vom Grad der Authentizität bietet Tacitus jedoch diskussionswürdige Aspekte, die im Einzelfall durch Abgleich mit dem Quellenmaterial auf ihre Anwendbarkeit zu überprüfen sind.[14] Entsprechend zieht sich Tacitus' Schilderung seit Mommsen und Haverfield explizit oder unausgesprochen, bisweilen auch nur mittelbar durch die Romanisierungs- und Romanisationsforschung.[15]

Gleichwohl ist nicht zu übersehen, daß Tacitus weder eine exakte historische Analyse noch ein umfassendes Modell für Kulturkontakt liefert:

– Er versteht das ‚Römischwerden' als eine Addition von Phänomenen, läßt deren Reihe aber unmittelbar, quasi an einem Punkt Null, voraussetzungslos beginnen. Die Möglichkeit, daß vordem schon Informationen über die römische Welt wahrgenommen worden waren und eine sukzessive Rezeption erfahren hatten, wird im Kontext der auf die Person Agricola als Kulturbringer zugespitzten Darstellung verständlicherweise nicht angesprochen.[16]
– Ebenso schließt die Konzentration auf den Repräsentanten der Provinzialverwaltung den Blick auf denkbare weitere Vermittler kulturellen Wissens – Personen wie Medien – von vornherein aus.
– Agricolas Ansprechpartner waren laut Tacitus Angehörige der Eliten, was fraglos zutraf. Entsprechend figurieren aber nur sie als Zeugen für gewandelten Habitus und neue soziale Praktiken. Konsequent gibt es keinen Hinweis, ob weitere Teile der Bevölkerung in den Diskurs einbezogen waren.[17]

Auf der anderen Seite verfügt die Schilderung, so scheinbar schlicht sie sich präsentiert, implizit über ein bemerkenswertes Spektrum an Postulaten, was die Relation von Grundlagen und Realisierungen kulturellen Wandels betrifft. An erster Stelle ist die schon erwähnte Abfolge von Vorgängen zu nennen. An den einleitenden Teil, in dem der Gouverneur zu urbaner Bautätigkeit motiviert und seinem ‚battle for the hearts and minds' samt verordneter Jugenderziehung einen sanften Anstrich gibt, schließt die erwünschte Reaktion an. Diese spielt sich in kommunikativen Räumen ab. Sprache rangiert an erster Stelle. Es folgen Tracht, Verhaltensweisen und, in Verbindung mit diesen, schließlich wieder Bautätigkeit, dieses Mal aber als eine mit dem Makel der *luxuria* behaftete Aktivität. Deutlich bildet sich in dem negativen Urteil Tacitus' Verhaltensethik und Zivilisationskritik ab. Durch die unterschiedliche Zuordnung der jeweiligen Bautätigkeiten wird ferner der Eindruck einer zeitlichen Differenz zwischen zunächst positiv zu bewertender und später dann verwerflicher oder doch jedenfalls überflüssiger Architektur vermittelt.

Was den Text aber geradezu in die Nähe aktueller Sicht versetzt, sind zwei miteinander verbundene Umstände: Zum einen werden kulturelle Aspekte aufgefächert, ohne sie als Elemente einer übergeordneten Struktur im Sinne einer homogenen römischen Kultur zu deklarieren; sie bestehen jeweils für sich. Zum anderen wird die Akteursperspektive auch auf Seiten der Provinzialen betont. Der Wandel in der Provinz resultiert nicht aus der schlichten Übernahme einer Vorgabe; er vollzieht sich vielmehr durch sukzessive Aneignung von Symbolen und sozialen Praktiken zwecks neuer Eigenrepräsentation und Verbesserung der Lebenswelt und entwickelt dabei eine vom römischen Kontaktpartner nicht intendierte Dynamik. Die Bedeutungszuweisungen in den neuen Kontexten werden nicht differenziert thematisiert, wie im Kontext des Passus auch nicht anders zu erwarten; denn den Belangen des Autors genügt der Verweis auf eine Gruppe von Britanniern, die sich habituell in das Imperium einfügten, und sei es, daß sie auch die negativen Ausprägungen römischer Kultur adaptierten.

Aus dem notwendig knappen Blick auf eine antike Überlieferung und die neuere Forschungsdiskussion ergibt sich eine Reihe von Fragen, die in die Betrachtung von Lepcis einbezogen werden sollen. Zentrale Anliegen sind dabei: Lassen sich Aussagen über das Verhältnis zwischen Provinzialverwaltung und Stadt treffen? Welche Elemente der materiellen römischen Kultur wurden adaptiert? Sind Hinweise auf deren speziellen Symbolwert im lokalgesellschaftlichen Diskurs zu erkennen? Erfand sich die Kommune neu oder blieben Bereiche für das Festhalten an herkömmlichen Deutungsmustern ausgespart? Letztendlich ist auch dem Problemfeld der Identitätskonstruktionen nicht auszuweichen.

I

Historische Voraussetzungen

Archäologische Stellungnahmen zur politischen und kulturellen Situation von Lepcis Magna zu Beginn der Kaiserzeit heben gewöhnlich auf dessen Eigenständigkeit ab.[18] Tatsächlich können auf mehreren Feldern betreffende Merkmale namhaft gemacht werden, die zusammen gesehen eine innenpolitische Autonomie indizieren. Lepcis Magna befand sich zwar im Gebiet der in den 20er Jahren des 1. Jahrhunderts v. Chr. eingerichteten Provinz Africa proconsularis, war aber eine *civitas libera* und wohl auch *immunis*.[19] Die peregrine Gemeinde behielt analog anderen nordafrikanischen Orten ihre punische Verfassung bei, die in einer Regierung durch zwei Sufeten Gestalt fand.[20] Punisch blieb die Standardsprache, und das wahrscheinlich noch für einen beträchtlichen Zeitraum. Sogenannte autonome Münzprägungen mit zunächst ausschließlich punischen Legenden und der Abbildung der Stadtgottheiten dokumentierten entsprechend das offizielle lokale Selbstbild.[21] Die Bevölkerungszusammensetzung blieb bis zur frühen Kaiserzeit im Wesentlichen konstant; es kamen nur wenige römische Familien hinzu.[22] All dies scheint einen so großen Abstand zu Rom und der griechisch-römischen Kulturwelt zu indizieren, daß die ab Augustus zu beobachtenden Veränderungen als unmittelbar einsetzende Vorgänge gelesen werden könnten, was wiederum einen radikalen, sprunghaften Wandel der lokalgesellschaftlichen Diskurse implizieren würde.

Ob es sich tatsächlich so verhielt, läßt sich schwer entscheiden. Über die Geschichte der Stadt vor der Kaiserzeit ist zu wenig bekannt, um eine gültige Anschauung von den örtlichen Voraussetzungen zu gewinnen. Die schriftliche Überlieferung bietet nur punktuelle Informationen zu zeitlich auseinanderliegenden Ereignissen. Das gilt insbesondere für die Zeit bis zum 2. Jahrhundert v. Chr.[23] Erst ab dem Iugurthinischen Krieg mehren sich die Angaben. Damals kam es zu direkten Kontakten mit dem römischen Senat; Lepcis erlangte seinem Wunsch gemäß den Rang eines römischen *amicus et socius*.[24] Daß sich aus dem Bündnis, das aus einem konkreten Anlaß geschlossen wurde, dauerhafte Verbindungen mit Rom ergeben hätten, wird nicht berichtet: Sallusts Mitteilung, die Lepcitaner seien stets treu geblieben, bezieht sich allein auf die Jahre von 111 bis 108 v. Chr.[25] Mit Ende des Kriegs wurde die Stadt wahrscheinlich in den Rang einer *civitas foederata* erhoben.[26] Im mittleren 1. Jahrhundert v. Chr. war Lepcis in die Auseinandersetzungen zwischen Pompeius und Caesar verwickelt, wobei im einzelnen manches unklar bleibt.[27] Offensichtlich spielte die Stadt zwar keine besondere Rolle in dem Konflikt,[28] verlor aber eventuell ihren Status als *civitas foederata*.[29] Zweifelhaft erscheint, daß Tripolitanien und damit auch Lepcis nach der Schlacht von Thapsus zur Provinz Africa Nova zählten.[30]

Daneben ist für die Zeit der römischen Republik nur ein einziger Fall bekannt, in dem Lepcis mit einem Römer in Berührung kam, als dort nämlich ein Ritter namens T. Herennius seinen Geldgeschäften nachging.[31] Die Überlieferung des Namens ist zufällig. Man weiß nicht, ob es neben ihm noch andere in Lepcis ansässige Römer oder Italiker gab,[32] man weiß ebenso nicht, wie lange der aus Syrakus stammende Herennius dort anwesend war, bevor er auf Sizilien durch Verres sein Leben verlor.[33] Erst recht kann man über die Intensität seiner Kontakte mit der Lepcitaner Elite nur spekulieren.[34] Insgesamt finden sich in den schriftlichen Quellen keine Hinweise auf Romanisierungs- oder Romanisationsphänomene in Lepcis während der Republik.

Die materielle Kultur voraugusteischer Zeit läßt sich etwas besser einschätzen. Beispiele aus verschiedenen Gattungen können als Indikatoren für eine regionale und überregionale Vernetzung beansprucht werden:

Kalksteinköpfe, die im Bereich des Hafens von Lepcis mit zugehörigen Körperfragmenten gefunden wurden, stammen von überlebensgroßen Statuen (Taf. 9,3–4).[35] Anhaltspunkte für eine genauere zeitliche Einordnung fehlen, aber der handwerkliche Abstand zu frühkaiserzeitlichen, ebenfalls am Ort gefertigten Porträts erscheint groß genug, um, wie auch gemeinhin postuliert, an Arbeiten aus einer früheren Periode, wohl dem 2. bis 1. Jahrhundert v. Chr., denken zu dürfen (Taf. 8,1.8,4–5).[36] Die stereometrischen Volumina, die großformigen Oberflächen und die linearen Begrenzungen der Details kehren an punischen Kalksteinarbeiten in Sabratha wieder. Es handelt sich um eine von Formvereinfachung gekennzeichnete Spielart hellenistischer Plastik.[37] Berühmtester und in der Tat signifikanter Beleg ist die skulpturale Bestückung des Mausoleums B in Sabratha.[38]

Dieser ‚Regionalstil'[39] dürfte Anregungen aus dem östlichen Teil Nordafrikas, konkret aus Alexandria oder seinem Umfeld empfangen haben. Im Lepcitaner Baudekor finden sich einzelne Objekte, die eine solche Verbindung bestätigen.[40] Ein korinthisches Kapitell, das beim Chalcidicum angetroffen worden ist, aber keineswegs ursprünglich zu dem augusteischen Bauwerk gehört haben muß, wäre nach Karl-Uwe Mahlers überzeugenden Darlegungen kaum denkbar, wenn nicht zuvor alexandrinische Künstler selber in der Stadt tätig gewesen wären (Taf. 2,2. 2,4). Ohne die Kombination mit dem Gebäude stände einer deutlich früheren Datierung des Kapitells nichts entgegen.[41]

Auf Alexandria verweist ebenso ein hellenistisches Herrscherporträt, vielleicht eine Darstellung Alexanders des Großen (Taf. 9,7a–b). Der weit unterlebensgroße Marmorkopf mit Anastole und Herrscherbinde stammt aus Lepcis Magna; über seine Fundstelle ist leider nichts bekannt. Da es sich um eine vorkaiserzeitliche Arbeit handelt, darf wegen der Ausführung in Marmor von vornherein von einem Importstück ausgegangen werden. Gustavo Traversari hat seine Entstehung in einer alexandrinischen Werkstatt wahrscheinlich machen können.[42]

Gegenüber generalisierenden Schlüssen auf eine dominante Verbindung mit Alexandria ist allerdings Vorsicht geboten.[43] Lepcis Magna unterhielt als Hafenstadt schon vor Augustus fraglos in mehrere Richtungen Kontakte. Die numidischen Münzen, die bis in das 1. Jahrhundert v. Chr. hinein, vielleicht sogar noch bis zum Ende der Republik, am Ort im Umlauf blieben,[44] helfen in der Angelegenheit gleichwohl nicht weiter, ebenso wenig dann die ersten autonomen Prägungen, die mit punischen Legenden und Abbildungen der Stadtgottheiten entschieden auf den eigenen ‚Staat' rekurrierten (Taf. 8,3a–b).[45] Die Darstellungen bestätigen lediglich einmal mehr den hellenistischen kulturellen Kontext, auch wenn der künstlerische Standard nicht sonderlich hoch angesiedelt war. Die Einfuhr italisch-späthellenistischer Schwarzfirniskeramik nach Tripolitanien ist gleichermaßen im Sinne einer allgemeinen, vor allem auf Handelsbeziehungen gründenden Vernetzung zu verstehen.[46] Keramikfunde aus der punischen Nekropole unter dem Bühnenhaus des Theaters indizieren, daß schon lange Verbindungen mit Süditalien bzw. Sizilien existierten.[47]

Eine Gegenprüfung dieses überregionalen Zusammenhangs anhand architektonischer Beispiele scheidet aus, da kein vorkaiserzeitliches Gebäude in Lepcis erhalten oder hinreichend erschlossen ist.[48] Gleichermaßen entfällt die Möglichkeit zu prüfen, ob Inschriften oder Ehrenstatuen von einer Hereinnahme spezifisch römischer Symbole in die eigene lokale Welt zeugten. Eine politische Notwendigkeit läßt sich nicht ausmachen.[49] Andererseits ist fraglos vorauszusetzen, daß die Elite der Handelsstadt differenzierte Vorstellungen der ‚römischen' Welt besaß.[50] Die lokalen Wandelprozesse ab augusteischer Zeit fanden in diesen Kenntnissen eine ihrer Grundlagen.

II

Gestaltung der Stadt: Öffentliche Bauten und Straßen

Die monumentale Hinterlassenschaft der Stadt während der frühen Kaiserzeit ist bereits in mehreren Überblicksdarstellungen thematisiert worden.[51] Es genügt daher, diejenigen Monumente, in denen sich die Neugestaltung der Stadt unter den ersten Kaisern anschaulich ausprägte, in geraffter Form vorzustellen und nur dort ausführlicher zu werden, wo es weiterführende Aspekte oder Probleme anzusprechen gilt.

Lepcis Magna verfügt über eine außerordentlich dichte Folge fest datierter Bauten und anderer

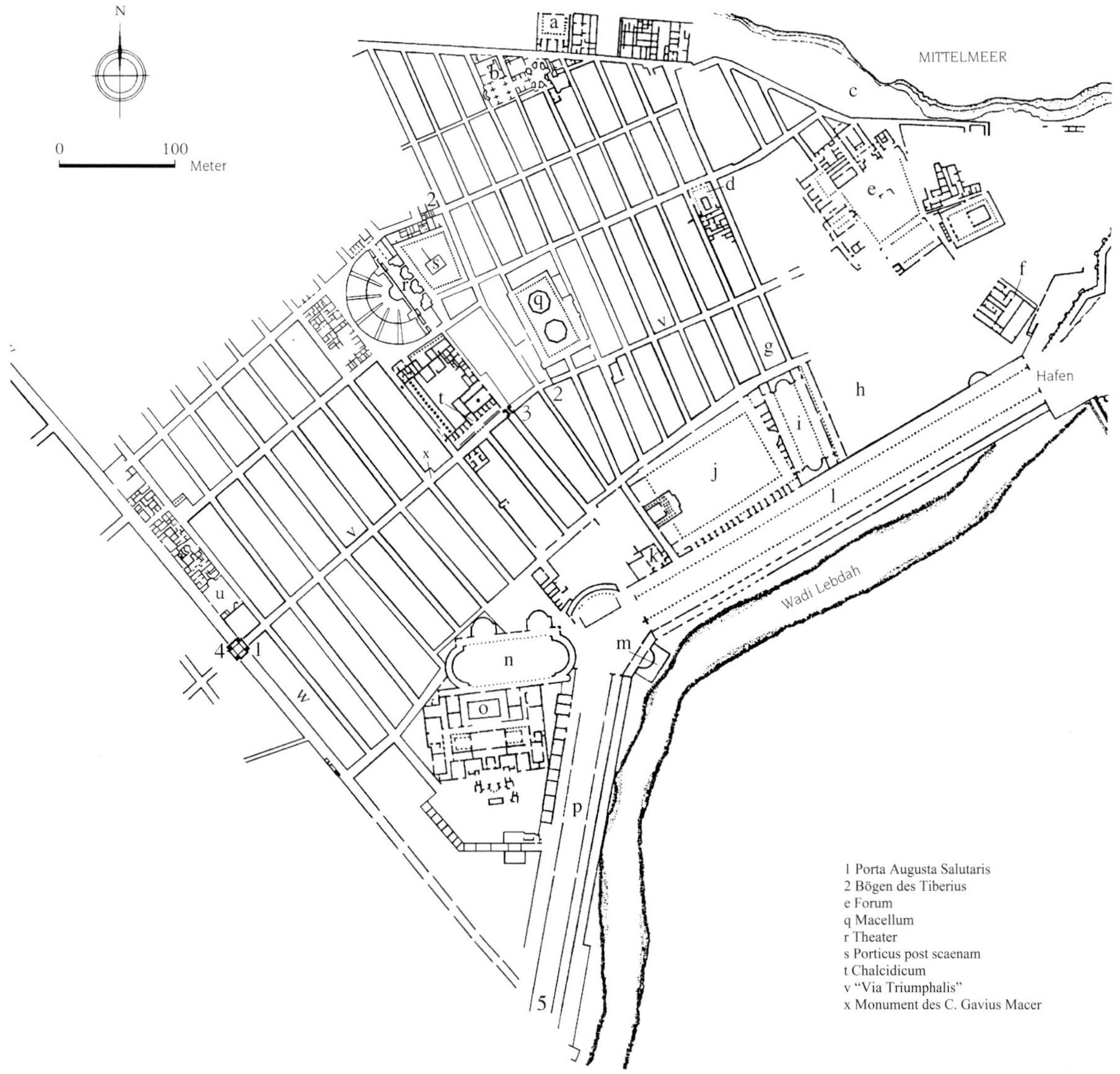

Abb. 3 Plan der Innenstadt

Denkmäler. Wenn dennoch kein kohärentes Bild des urbanen Gefüges gezeichnet werden kann, liegt die Ursache in mangelnder Kenntnis, was die Nutzung großer Flächen des städtischen Raums betrifft. Die weit überwiegende Zahl der Insulae ist nicht ausgegraben oder, falls in frühen Kampagnen einmal freigelegt, nicht dokumentiert. Umstritten sind der Zeitpunkt, zu dem das geregelte Straßensystem realisiert wurde; Unklarheit herrscht, damit verbunden, bezüglich der Ausdehnung des besiedelten Raums bis in die frühe Kaiserzeit. Über Wohnhäuser ist sogar nahezu nichts bekannt.[52]

Dem Ausgrabungs- und Forschungsstand entsprechend, muß bei den augusteischen und tiberischen Großbauten angesetzt werden. Sie konzentrieren sich auf zwei innerstädtische Gebiete: zum einen auf das sog. Alte Forum (im folgenden nur als Forum bezeichnet), zum anderen auf einen mehr als 200 m entfernten südwestlichen Bereich (Abb. 3). Die Bautätigkeiten wurden anscheinend an beiden Stellen etwa gleichzeitig aufgenommen, wobei die ersten Aktivitäten im südwestlichen Areal belegt sind.

In ihm kamen nacheinander ein Macellum, ein Theater, ein als Chalcidicum bezeichneter Bau und schließlich, schon unter Claudius, ein Tempel auf dem Platz hinter dem Theater zur Ausführung. Auffällig ist der Umfang der jeweils von den Komplexen eingenommenen Grundflächen;

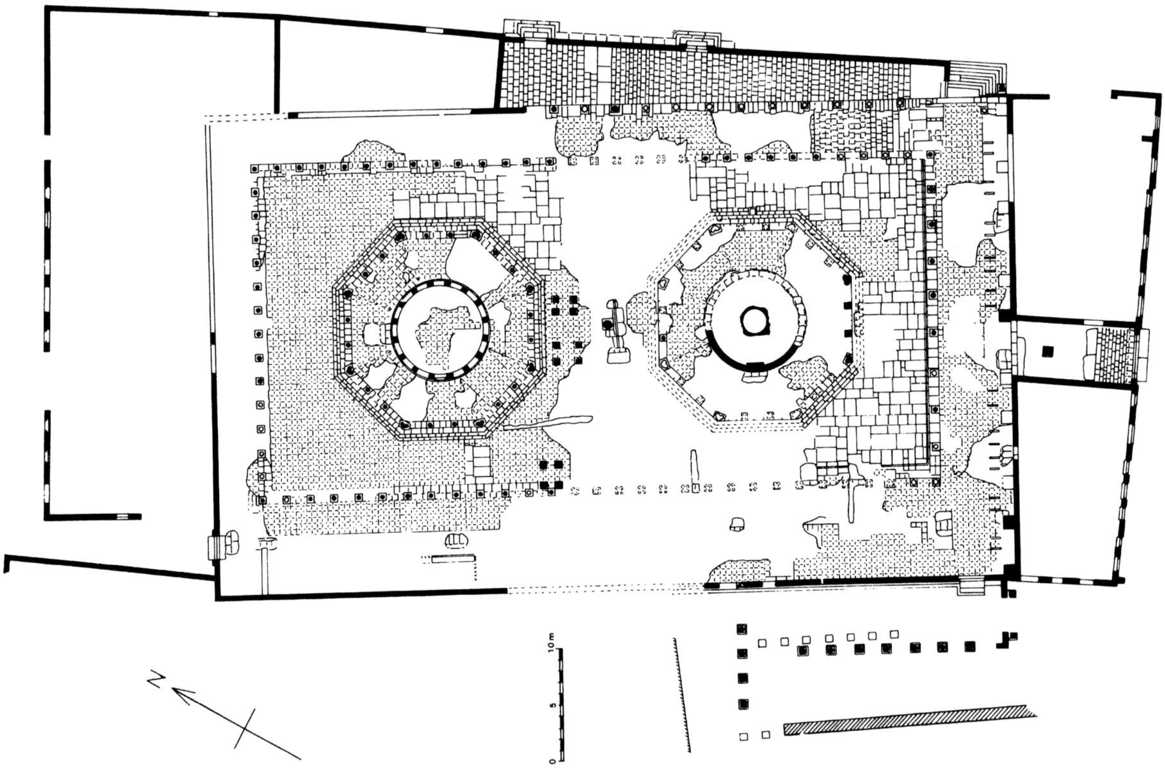

Abb. 4 Macellum, Steinplan

sie stehen schon meßbar nicht hinter dem Forum zurück.[53] Tatsächlich weist das Macellum, verglichen auch mit älteren Vertretern des Typus in der westlichen Reichshälfte, eine ungewöhnliche Größe auf (Abb. 4).[54] Zudem war das Lepcitaner Macellum wahrscheinlich das erste Bauwerk dieser Art in Nordafrika, zumindest ist kein früheres bekannt.[55]

Sein heutiger Zustand rührt zu großen Teilen von antiken Restaurierungen und modernen Teilrekonstruktionen her.[56] Von Anbeginn aber befanden sich auf dem Platz zwei Tholoi; ihre Doppelzahl ist ungewöhnlich, und auch im Detail bilden sie Sonderfälle.[57] An der Außenseite der wiederaufgerichteten westlichen Umfassungsmauer kündet eine ausführliche lateinische Inschrift vom lokalen Stifter Annobal Tapapius Rufus (Abb. 5. Taf. 2,5).[58] Deren Angaben werden im wesentlichen in einer neopunischen Inschrift wiederholt, die zu einer der beiden Tholoi gehörte.[59]

Die Inschriften und das Gebäude bieten mehrere Merkmale, die unter einen Romanisationsbegriff subsumiert werden können. Allein schon der Gebrauch lateinischer Sprache und Schrift erscheint signifikant; wie neu dies war, läßt sich an der Verwendung von fehlerhaften Kasus samt einer unzutreffenden Korrektur erkennen (Taf. 3,3).[60] Der punische Auftraggeber, ein Mann ohne römisches Bürgerrecht, präsentiert sich wie ein Römer mit *tria nomina* durch Adaptation eines römischen Cognomens. Er ordnet sich – zumindest in der Version der Außenmauer – durch Voranstellung des Proconsuln und der amtierenden Sufeten in eine Hierarchie ein, die eine Brücke zwischen dem römischen Staat und der eigenen *civitas* schlägt. Bemerkenswerterweise beginnen in der Inschrift die Vertreter von Lepcis mit den *flamines Augusti Caesaris*, dann erst folgen die Sufeten.[61]

Die rund 15 m lange Inschrift wandte sich an mehrere Adressaten und wurde notwendig von verschiedenen Betrachtern unterschiedlich wahrgenommen. Bezogen auf die Provinzialverwaltung, die im Text wie selbstverständlich zusammen mit der peregrinen *civitas* angesprochen wird, ist es eine Loyalitätserklärung gegenüber den Repräsentanten des Reichs: dem Kaiser und dem Gouverneur. Innerhalb der lokalen Elite muß es als ein deutliches Zeichen verstanden worden sein, daß einer der ihren sich unter den

a

[Imp(erator) Caesar Diui f(ilius) Augustus] co(n)s(ul) XI imp(erator) XIIII trib(unicia) pot (estate) XV pont(ifex) m[axi]mus

b

M(arco) Licinio M(arci) f(ilio) Crasso Frugi co(n)s(ule) augure proco(n)s(ule) patrono flaminib(us) August(i) Caesaris Iddib[a]le Arinis f(ilio) [- - -]one [et·· ? ·· A]nnobalis [f (ilio) - - -]on[- - -] [su]fetib(us) M[uttun Annonis f(ilio) ·· ? ··]

c

Annobal «Himilcho» f(ilius) Tapapius Rufus sufes flamen praefectus sacrorum de sua pequ[nia faciun[dum coe]rauit idem[que] de[d]icauit

Abb. 5 Macellum, Widmungsinschrift

veränderten Bedingungen positionierte, indem er reichsweit verbreitete Formen der Selbstrepräsentation übernahm. Für die Gesamtheit der Bevölkerung markierte die Inschrift eine neue Form der Kommunikation; diese fiel in eine Zeit, in der die autonomen Münzen noch neopunische Legenden trugen. Dabei war es gar nicht so entscheidend, ob die lateinischen Buchstaben entziffert, die Namen gelesen und die noch ungewohnten Kürzel aufgelöst werden konnten; das Schrift-Bild selbst verfehlte kaum seine Signalwirkung.

Es ist an anderer Stelle bereits gemutmaßt worden, daß beim Macellum prinzipiell zwischen einer Präsentation nach außen und einer dem Innenraum applizierten Bedeutung zu scheiden ist.[62] Wer von draußen kommend in der lateinischen Inschrift den Anspruch der Zugehörigkeit zum Imperium wahrgenommen hatte, trat in einen Bezirk ein, der mit seiner Zweckbestimmung als Lebensmittelmarkt auf die lokalen Belange der Einwohnerschaft fokussierte. Und in diesem inneren Bereich wandte sich der Stifter auf herkömmliche Weise an seine Mitbürger. In der Differenz der Inschriften wird eine Funktionalisierung von Schrift/Sprache im Sinne von Identitätsvermittlung oder Identitätsbestätigung transparent. Es erscheint nicht abwegig zu vermuten, daß hier subtil auf Spannungen lokalgesellschaftlicher Selbstbeschreibungen eingegangen wurde.

Mit dem Marktgebäude war eine Stätte entstanden, deren Nutzer die Segnungen der neuen Ära individuell wie auch in der Begegnung mit anderen erfahren konnten.[63] Der Gedanke kollektiver Selbstwahrnehmung kam intensiviert einige Jahre später in einem weiteren Bau zum Tragen, der wiederum der Euergesie des Annobal Tapapius Rufus verdankt wurde: dem 1/2 n. Chr. eingeweihten Theater (Abb. 6).[64]

Ungeachtet erheblicher Veränderungen in der Antike wie auch im 20. Jahrhundert – die Eingriffe waren nicht weniger gravierend als beim Macellum – gibt sich im Kern die augusteische Konstruktion anschaulich zu erkennen.[65] Das betrifft den allerdings überformten Zuschauerraum[66] und vor allem den mächtigen, überwiegend flächig geschlossenen, von Lisenen gegliederten Außenbau der Cavea (Taf. 1,1). Zur Konzeption des ursprünglichen Baus zählte auch ein Tempel *in summa cavea* (Taf. 1,2).[67] Dessen Weihung an Ceres Augusta wurde allerdings erst 35/36 n. Chr. vom Proconsul C. Rubellius Blandus vorgenommen.[68] Ein 42/43 n. Chr. den *di Augusti* – Augustus, Livia, Tiberius (?), wahrscheinlich Claudius und vielleicht auch Antonia Minor– geweihter Tempel innerhalb der *porticus post scaenam* komplettierte die architektonische Ausgestaltung des Theaterbereichs.[69]

Vom finanziellen Aufwand her übertraf das Theater das Macellum mutmaßlich um ein Vielfaches. Gleichermaßen reklamierte es im Stadtraum mit seiner real wie metaphorisch überragenden Erscheinung einen unvergleichlich höheren Anspruch. Auf öffentliche Aufmerksamkeit zielte die dominante Wahrnehmbarkeit der Architektur ebenso wie die epigraphische Selbstinszenierung des Stifters. Ein Besucher wurde gleich mehrfach auf dessen Stellung und Bedeutung hingewiesen. Vollständig erhalten sind drei große Inschriftblöcke, von denen zwei sich *in situ* über den Durchgängen befinden, die seitlich von der Orchestra aus dem Theater herausführen.[70] Von sämtlichen Sitzplätzen aus war mindestens eine von beiden stets zu sehen, und spätestens beim Verlassen des Gebäudes fiel der Blick auf sie (Taf.

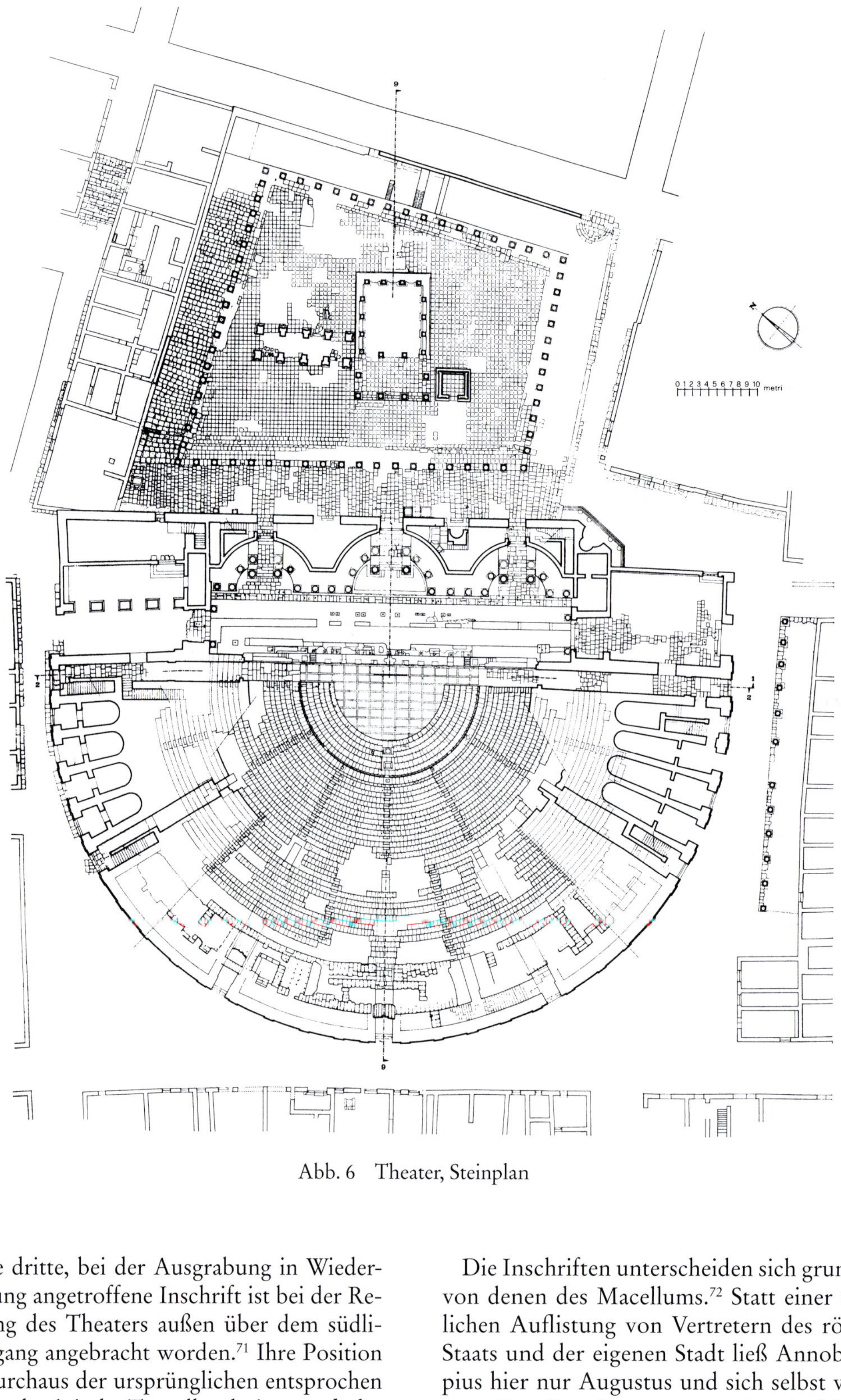

Abb. 6 Theater, Steinplan

4,3). Eine dritte, bei der Ausgrabung in Wiederverwendung angetroffene Inschrift ist bei der Restaurierung des Theaters außen über dem südlichen Eingang angebracht worden.[71] Ihre Position könnte durchaus der ursprünglichen entsprochen haben. Der lateinische Text aller drei von *tabulae ansatae* gerahmten Inschriften stimmt überein; die beiden ersteren, dem Innenraum zugewandten, weisen zudem eine neopunische Version auf.

Die Inschriften unterscheiden sich grundlegend von denen des Macellums.[72] Statt einer umfänglichen Auflistung von Vertretern des römischen Staats und der eigenen Stadt ließ Annobal Tapapius hier nur Augustus und sich selbst verzeichnen. Der Repräsentant von Lepcis Magna erscheint als ein fast gleichwertiger Partner des Kaisers. Die Nähe beider wird durch ähnliche Titel bzw. Ehrenbezeichnungen unterstrichen: Dem kaiserlichen *pater patriae* ist sinnfällig der Stifter als *ornator patriae* gegenübergestellt. Damit treten nicht nur die beiden Akteure zueinander in eine Beziehung, sondern zugleich die *patriae* Rom und Lepcis Magna. Insofern können die Widmungen des Theaters als programmatische Beschreibungen eines ‚zwischenstaatlichen' Verhältnisses interpretiert werden, indem Lepcis seinen eigenen Status reklamiert. All diese im Text angelegten Aspekte erlangen in der Tafel über dem südlichen Ausgang eine visuell sinnfällige Verdichtung mittels einer im Relief dargestellten *dextrarum iunctio*, die, in die Mitte der zweiten Zeile gesetzt, den Imperator und den Sufeten zusammenbringt sowie neben und unter sich die Worte *patre*, *patriae* und noch einmal *patriae* versammelt (Taf. 5,3).

Die ausgeklügelte bildliche Betonung der Verbundenheit wirft die mangels anderer Zeugnisse nicht zu beantwortende Frage auf, ob Annobal Tapapius vielleicht die *amicitia* des Kaisers genoß. Eine zweite, sich notwendig ergebende Frage lautet, aus welchem Anlaß die Relation zwischen den beiden *patriae* auf so auffällige Weise ins Bild gesetzt wurde. Das Concordia-Motiv der Hände wird, auch falls es zugleich auf ein persönliches Einvernehmen anspielte, primär ein offizielles Bündnis mit Rom zur Grundlage gehabt haben. In Betracht käme eine Erinnerung an das vor rund 100 Jahren geschlossene *foedus*, sofern dieser Vertrag noch gültig war. Der prononcierte Verweis auf die Akteure macht aber einen aktuellen Anlaß wahrscheinlich, so daß es sich entweder um eine Bestätigung dieses alten Vertrags oder um den Abschluß eines neuen gehandelt haben wird.

Im Abstand von 10 Jahren folgte die Einweihung eines benachbarten Baukomplexes; er nahm die südlich vom Theater gelegene Insula ein.[73] Seine Funktion ist ungeklärt. Weitgehende Übereinstimmung besteht nur in der Annahme, es habe sich um eine Stätte mit wirtschaftlicher Nutzung gehandelt, wobei die Überlegungen hinsichtlich der dort aufbewahrten oder auch gehandelten Waren bis zu Sklaven reichen.[74]

Der ursprüngliche Grundriß bleibt durch spätere Um- und Einbauten hindurch verifizierbar (Abb. 7).[75] Die Anlage bestand aus einem weitläufigen, auf drei Seiten von doppelschiffigen Porticen gerahmten Hof sowie, nach Süden anschließend, einer Reihe von Tabernae. Diese setzten sich jedoch gegen den Hof mit geschlossener Rückwand ab; ihre Eingänge waren auf die Hauptstraße (*decumanus*, „Via Triumphalis") orientiert.[76] Von der Straße aus gelangte man zu ihnen über mehrere Stufen und durch eine einschiffige, dem Bau in ganzer Breite vorgelagerte Porticus (Taf. 6,2). Der mittlere Teil der Halle springt vor und markierte einst mit einer tempelartigen Front ein dem Kaiserkult dienendes Sacellum innerhalb der

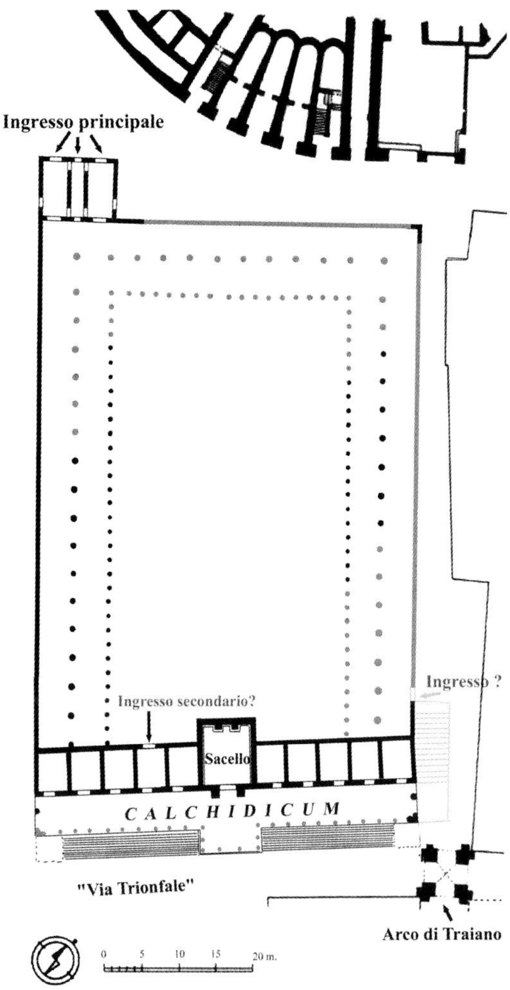

Abb. 7 Chalcidicum und Hof mit Porticen, Rekonstruktion des augusteischen Grundrisses

Tabernaereihe. Das Bauwerk war als Ganzes dem *Numen Augusti* gewidmet;[77] im Sacellum fand Augustus zunächst in dieser Form, postum dann in der ihm gebührenden Weise als *divus* Verehrung (Taf. 2,3).[78]

Ähnlich wie am Macellum und am Theater ließ sich der Stifter die Möglichkeit zu extensiver epigraphischer Selbstdarstellung nicht entgehen, realisierte sie aber auf wiederum andere Weise. Die Blöcke der vorwiegend einzeiligen Inschrift[79]

erreichten zusammengezählt eine Breite von etwa 25 m (Taf. 6,4). Sie waren an der Südseite des Gebäudes als Architrav-Fries angebracht, entweder außen oberhalb der Säulenreihe oder innerhalb der Porticus an der Rückwand, und verteilten sich auf drei Abschnitte.[80] Der Bauherr Iddibal Caphada Aemilius erscheint namentlich nur in den seitlichen Flügeln, die ihn als Finanzier und Auftraggeber, jedoch nicht als Amtsinhaber ausweisen.[81] Im mittleren Teil figuriert ein 15-Männer-Kollegium, zuständig für sakrale Angelegenheiten, als Dedikant.[82] Alle drei Abschnitte würdigen aber ausführlich Iddibal Caphadas Munifizenz, indem sie übereinstimmend die ihm zu verdankenden Objekte *calchidicum* (sic) *et porticus et portam et viam* auflisten.

Der Stifter hatte sich demnach nicht allein mit der Errichtung des Bauwerks verdient gemacht: Die – gepflasterte – *via* darf man in der direkten Umgebung des Gebäudes vermuten; wahrscheinlich handelte es sich um die vor der Front verlaufende Hauptstraße.[83] Als *porta* kommt am ehesten der ungewöhnliche propylonartige Vorbau an der Nordwestecke des Komplexes in Betracht.[84] Bezüglich der *porticus* wurde in neuerer Untersuchung eine Identifizierung mit der Halle vor den Tabernen vorgeschlagen;[85] diese Möglichkeit scheidet aber definitiv aus, denn die Inschrift verzeichnet *porticus* im Plural. Der herkömmliche Bezug auf die großen Hallen am Hof besitzt deshalb unverändert die größte Wahrscheinlichkeit. Unter *chalcidicum* ist die erhöhte Halle an der Hauptstraße einschließlich ihrer Anräume, insbesondere des Sacellums zu verstehen.[86] Eine Einengung des Begriffs auf den Kaiserkultraum läßt dagegen sein anderenorts zu greifendes Bedeutungsspektrum außer acht.[87]

Die Konzentration der öffentlichen Gebäude in einem vom Forum entfernten Bezirk wirft die Frage nach dem urbanistischen Kontext auf. Konkret betrifft es das Problem, inwieweit das Gebiet westlich bzw. südwestlich vom Forum in voraugusteischer Zeit bereits zum Stadtraum gehörte und ob die Fläche gegebenenfalls auch schon *ad strigas* strukturiert war, wie es für die weitere Kaiserzeit gesichert ist. Da keine betreffenden Grabungsergebnisse vorliegen, kann die in dieser Angelegenheit seit einer Generation geführte Kontroverse nur über mittelbare Beobachtungen zu einem Ergebnis gelangen. Antonino Di Vita hat mit einigen formalen Feststellungen und mit historischen Erwägungen argumentiert, als er sich entschieden für eine ausgedehnte Stadtfläche mit geregeltem Straßensystem bereits im Hellenismus aussprach.[88] Was den Umfang der Stadt prinzipiell – unabhängig von der Straßenführung – angeht, hat seine These Zustimmung, Modifizierung und auch die Einstufung als eine nicht zu entscheidende Sicht erfahren.[89] Das orthogonale Straßennetz wird dagegen zumeist der frühen Kaiserzeit zugerechnet, wobei zwischen einer ersten, augusteischen Ausbauphase bis hin zum Macellum bzw. dem (nachmaligen) Theater und einem zweiten, dann bis zur küstenparallelen Fernstraße reichenden Bereich differenziert wird. Letzterer sei auch noch unter Augustus oder vielleicht doch erst unter Tiberius ausgeführt worden. Der axiale Wechsel zwischen den beiden Quartieren markiere zwar einen gewissen, vielleicht aber nur geringen zeitlichen Abstand.[90]

Eine eindeutige Aussage in dem Streit erlaubt das Macellum. Zum Zeitpunkt seiner Anlage kann das erhaltene Straßensystem noch nicht existiert haben; sonst wäre das Gebäude in den Rahmen der Insula – oder zweier Insulae – eingepaßt worden. Seine Orientierung stimmt auch weder mit dem Achsensystem des Forums noch mit demjenigen des westlich anschließenden Gebiets überein. Allem Anschein nach gab es ferner keinen Vorgängerbau, von dem der Grundriß hätte übernommen werden können. Die wahrscheinlichste Lösung ist folglich, daß das Macellum seinen Platz innerhalb oder am Rande einer Bebauung mit noch anderer Struktur fand. Rudimente eines älteren Stadtplans zeichnen sich noch im unregelmäßigen Platzrahmen der trapezförmigen *porticus post scaenam* und im verkürzten südlichen Flügel des Bühnenhauses ab (Abb. 6).[91]

Das Macellum liefert somit einen terminus post quem für die orthogonale Gliederung der Region zwischen Forum und Theater. Weitere Stationen des städtischen Ausbaus spiegeln sich in datierten Maßnahmen des Straßenbaus, so in der Ausführung der *via* beim Chalcidicum im Jahr 11/12, dann in der für 15/17 n. Chr. belegten Fertigstellung einer Fernstraße *in mediterraneum*, die die Hauptstraße der Stadt, die „Via Triumphalis“, in südwestlicher Richtung fortführte, schließlich in der 35/36 n. Chr. deklarierten Vollendung aller Straßen, von der zwei Tiberiusbögen kündeten.[92] Mit der am Theater und dem Chalcidicum beginnenden Stadterweiterung nach Westen bzw. Südwesten muß nicht unmittelbar eine Bebauung der gesamten Fläche beiderseits des Decumanus einhergegangen sein. Zumindest ließ die Insula westlich des Chalcidicums an einer Ecke noch Platz,

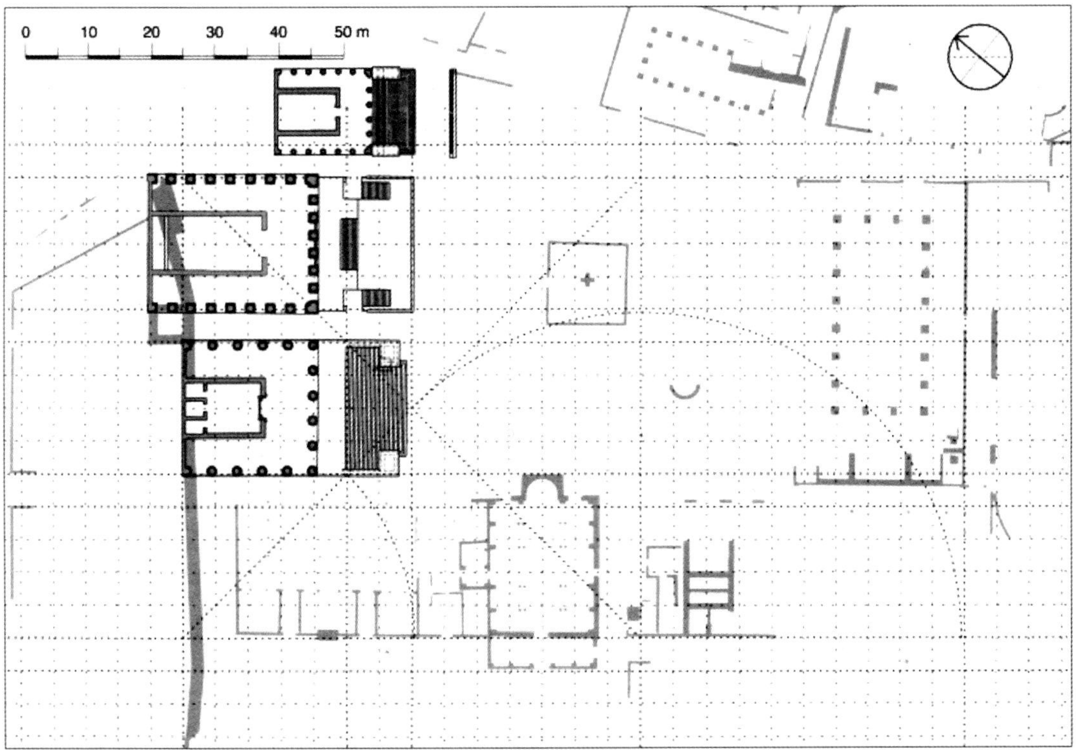

Abb. 8 Forum. Plan mit rekonstruiertem Entwurfsraster

um wohl im Jahr 29/30 ein Ehrendenkmal für den proprätorischen Legaten C. Gavius Macer aufzunehmen (Taf. 7,2. 7,4).[93] Die etwa gleichzeitige Porta Augusta Salutaris bestätigte jedenfalls die zuvor schon vom Caput der Via *in mediterraneum* markierte Stadtgrenze (Taf. 6,1. 6,3).[94]

Wie beim Platz der *porticus post scaenam* rührte wohl auch beim Forum der unregelmäßige Grundriß von vorkaiserzeitlichen Strukturen her (Abb. 8).[95] Ab der augusteischen Ära erhielt das Forum aber eine vollständig neue architektonische Ausgestaltung.[96] Die stärksten Akzente bildeten drei Peripteraltempel *sine postico* an der Nordseite des Platzes. Eine seit längerem währende Diskussion um ihren Ursprung und zum Teil auch um ihre Kultinhaber ist durch eine umfängliche monographische Dokumentation auf eine neue Grundlage gestellt worden.[97] Daß manche Fragen weiterhin umstritten bleiben, hat seine Ursache nicht zuletzt in der geringen Zahl epigraphischer Zeugnisse. Es existieren letztlich nur zwei Inschriften, die für die Geschichte des Forums in augusteisch-tiberischer Zeit Relevanz besitzen: eine in das Pflaster des Platzes eingelassene, die den Proconsul Cn. Calpurnius Piso im Nominativ nennt und rund um die Zeitenwende zu datieren ist,[98] und eine zweite, in diesem Fall neopunische am Eingang des mittleren Tempels an der Nordseite, die davon berichtet, daß zwei Sufeten in tiberischer Zeit für die skulpturale Ausstattung des Bauwerks sorgten.[99] Aus der Inschrift ergibt sich zugleich die Funktion des Tempels als Kultbau für Roma und Augustus. Eine Reihe erhaltener Skulpturen stammt von dieser Stiftung.[100] Die Setzung der Statuen kann mit Sicherheit auf die Jahre zwischen 14 n. Chr. und 29 n. Chr. eingegrenzt werden;[101] mit größter Wahrscheinlichkeit stammt der gesamte Zyklus aber erst aus der Zeit nach 23 n. Chr.[102]

Der Tempel erhebt sich über älteren Strukturen von annähernd gleicher Orientierung. Über Art und Funktion der vorausgegangenen Architektur lassen sich keine Aussagen treffen.[103] Zu den Besonderheiten des Kultbaus zählen ein vorgelagertes, von seitlichen Eingängen aus erreichbares Podium mit steinernen Rostren an der Front (Taf. 7,1. 7,3), die figurenreiche statuarische Ausstattung (Abb. 1. Taf. 9,1. 9,5–6) sowie eine (nicht erhaltene) mächtige, von einer *tabula ansata* gerahmte Inschrift an der Front.[104] In ihrer vorauszusetzenden breit gestreckten Form glich diese den Türstürzen über den seitlichen Durchgängen des Theaters und weiteren Lepcitaner Widmungsinschriften.

Eine tiberische Datierung des Roma-Augustus-Tempels folgt aus der Beobachtung, daß seine Konstruktion von vornherein auf die Aufnahme der Skulpturen angelegt war.[105] Ein Beginn schon unter Augustus kann nicht völlig ausgeschlossen werden, nichts spricht jedoch für diese Möglichkeit.

Die beiden flankierenden Tempel sind älteren Datums.[106] Vor dem östlich gelegenen befindet sich die erwähnte Inschrift des Proconsuls Cn. Calpurnius Piso. Sie ist sekundär in den Boden des Forumsplatzes eingelassen und gehört zu einem rechteckigen Feld, das mit seinem Niveau zwar dem 53/54 n. Chr. datierten Pflaster entspricht, sich aber mit kleinteiligerer Steinsetzung aus diesem Kontext absondert. Bei ihrer Wiederverwendung wurde die Inschrift auf zwei Reihen aufgeteilt. Zusammengesetzt und um das fehlende Verb ergänzt, kann ihre Länge mit der Breite des Tempels in Einklang gebracht werden.

Strittig ist, ob diese Inschrift des Statthalters, der übrigens in einem Nahverhältnis zu Augustus stand,[107] ursprünglich auf die Weihung des Tempels verwies oder, wie auch schon angenommen, von einer früheren Pflasterung des Platzes herrührte.[108] Das Verständnis der Inschrift hängt untrennbar mit der Frage ihres ersten Kontexts zusammen. Der Vorschlag, sie habe, von vornherein in das Pflaster integriert, die Widmung des hinter ihr aufragenden Kultbaus dokumentiert, ist abzulehnen.[109] Sollte sie aber tatsächlich bereits zum Forumsplatz gehört haben, hätte sie die Stiftung des früheren Pflasters bezeugt. Und unter dieser Bedingung wäre gemäß ihrer einstigen Breite von mindestens 12,50 m wohl nicht nur ein Stück des Platzes, sondern dessen gesamter Plattenbelag einem Auftrag des Statthalters zu verdanken gewesen.[110] Ihr Format findet Parallelen in analogen Inschriften auf anderen Forumsplätzen.[111]

Alternativ ist an eine erste Anbringung der Inschrift an der Front des Gebäudes zu denken, von wo sie anläßlich einer Restaurierung abgenommen worden sein mag. Von den Maßen her erscheint eine Zuweisung an den Architrav oder den Fries durchaus möglich.[112]Analog dem Roma-Augustus-Tempel ist ein Inschriftfeld zu erwägen, das die gesamte Höhe des Gebälks erfaßte. Wie am Tempel der Ceres Augusta im Theater kann man sich zudem eine zweizeilige Inschrift vorstellen (Taf. 5,3). Dies angenommen, wäre der Statthalter, wie in weiteren Lepcitaner Bauinschriften ausgewiesen, kaum der Auftraggeber, sondern allein der Dedikant gewesen, während neben ihm ein mutmaßlich lokaler Stifter ebenfalls gebührende epigraphische Erwähnung fand.

In Abwägung der skizzierten Möglichkeiten verdient der Bezug auf den Tempel den Vorzug, denn er befreit von dem Problem, den Proconsul als Auftraggeber für ein größeres Projekt zu sehen, sei es die Pflasterung des Forums, sei es die Stiftung des Tempels. Hinsichtlich eigener Stiftungen verhielt sich die Provinzialverwaltung grundsätzlich äußerst zurückhaltend.[113]

Der Aufriß des Tempels ist bis zur Höhe der Kapitelle gesichert. Diese vertreten einen nordafrikanischen ionischen Typus, der letztlich auf sizilisch-unteritalische Vorbilder zurückging. Im Formenrepertoire und in der Komposition verwandt sind auch die Kapitelle des Roma-Augustus-Tempels, vielleicht in bewußter Angleichung an den älteren Bau.[114]

Als Kultinhaber des östlichen Tempels ist zumeist Hercules ins Spiel gebracht worden; in romanisierter Form repräsentierte er Milkaschtart, einen der beiden herkömmlichen Stadtgottheiten.[115] Die Frage des Tempelherrn hängt mit der Deutung des westlichen Gebäudes der Dreiergruppe zusammen (Abb. 2). Dieses gehörte gemäß herkömmlicher Interpretation Liber Pater, dem zweiten und wichtigeren Stadtgott, der in neopunischen Inschriften als Schadrapa erscheint. Neuerer Deutung zufolge habe es sich dagegen von Anbeginn um das Capitolium gehandelt.[116] Die vorgetragenen Argumente sind beeindrukkend, aber letztlich nicht so zwingend, daß man von einer zweifelsfreien Erkenntnis sprechen könnte. Typologisch unterscheidet sich der westliche Kultbau nicht vom Roma-Augustus-Tempel; vor der Rückwand der Cella findet sich aber ein in Resten erhaltener Einbau, der als dreigeteilte ‚Sakristei' bzw. Podium für die Bildwerke der kapitolinischen Trias gelesen werden kann.[117] Daß es im zweiten Jahrhundert n. Chr. und somit zu der Zeit, als Lepcis bereits Koloniestatus innehatte, einen Kapitolstempel gab, darf als gesichert gelten;[118] auch ist die vorgeschlagene Zuweisung einiger Köpfe zu einer hadrianischen Kultgruppe durchaus erwägenswert. Für die frühe Kaiserzeit fehlen gleichwohl entsprechende Hinweise.

Es kann nicht mit Sicherheit ausgeschlossen werden, daß ein ursprünglich Liber Pater gehöriger Tempel in ein Capitolium umgewidmet worden wäre,[119] aber die Wahrscheinlichkeit ist äußerst gering. Man muß vielmehr annehmen, daß das Capitolium von vornherein – gleichviel zu welchem Zeitpunkt – als eigenständiger Bau entstand. Sollte es sich beim westlichen Tempel um die Kultstätte des lokalen Gottes gehandelt haben, wäre das Capitolium demzufolge an anderer Stelle zu suchen, wobei wiederum kaum ein anderer Bereich als das Forum in Betracht käme.[120] Damit ergäbe sich gleichwohl das Problem, dem Kult der Staatsgötter eine weniger attraktive Position zuweisen zu müssen, denn weder auf der östlichen noch der westlichen Seite des Forums hätte eine im Umfang angemessene Fläche zur Verfügung gestanden.[121] Gerade aber das Postulat einer würdevollen Erscheinung, die dem Anspruch des Kults in seiner Umgebung zur Geltung brachte, ist in die Überlegungen einzubeziehen: Von den am Forum verfügbaren Flächen bzw. Gebäuden genügte allein der westliche Tempel diesen Bedingungen.

Hinzu kommt eine programmatisch zu verstehende Bezugnahme des jüngeren Roma-Augustus-Tempels auf diesen Bau. Sie konkretisierte sich zum einen im Zusammenschluß der Podien durch Eindeckung der zwischen den Tempeln hindurchführenden Straße (Taf. 5,2), zum anderen in analogen Maßen, was die Breite und wohl auch einstige Höhe der Gebäude betraf. Visualisiert wurden Zusammengehörigkeit und Gleichwertigkeit der Kultstätten. Von Roma und Augustus aus gesehen, erfüllten die kapitolinischen Gottheiten die Bedingungen fraglos eher als die Lokalgötter. Mit einiger Zuversicht wird man den westlichen Tempel deshalb Iuppiter, Iuno und Minerva zusprechen, was auch bedeutet, daß ihr Kult in Lepcis seit augusteischer Zeit existierte.[122] Der Einwand, ein Capitolium könne es erst gegeben haben, wenn eine Stadt einen römischen Rechtsstatus erlangt habe, trifft nicht zu.[123]

Den Stadtgottheiten blieb demnach allein der östliche, kleinere Tempel, in dem sie zusammen verehrt werden konnten. Auf ihre Kultgemeinschaft deutet auch eine Weihinschrift vom Forum, die Hercules und Liber Pater als *dii patrii* ausweist.[124] Das Bauwerk wurde ebenfalls mit dem zentralen Tempel verbunden, indem eine Brücke die Podien verband, aber dieser Anschluß hob die sich in den Dimensionen ausdrückende Zurückstufung gegenüber den beiden anderen nicht auf.

III

Die neue Stadt als Abbild Roms

Gellius stellt in den ‚Attischen Nächten' römische *coloniae* in Relation zur Hauptstadt und definiert jene als *quasi effigies parvae simulacraque*.[125] Sie würden Rom mit ihrer Bürgerschaft und Organisation in kleinerer Form abbilden. Diese Bedingungen treffen auf die *civitas libera* Lepcis Magna während der frühen Kaiserzeit nicht zu. Aber jenseits des Status der Stadt und ihrer Einwohner scheint es doch erlaubt, auch hier in gewissem Rahmen ein *simulacrum* Roms zu erkennen, das allerdings nicht in einer politischen Struktur begründet war, sondern sich in der materiellen Kultur konkretisierte und Intentionen der Auftraggeber kommunizierte. Die öffentlichen Bauten zitierten teilweise dezidiert Architekturdenkmäler in der Hauptstadt. Das könnte schon beim ältesten greifbaren Komplex, dem Macellum, der Fall gewesen sein.[126] Es handelte sich zur Zeit seiner Errichtung offensichtlich um keinen in der Region geläufigen Typus: Sabratha jedenfalls besaß kein entsprechendes Gebäude und, soweit bekannt, selbst Carthago erst entschieden später.[127] Ein Referenzbau muß demnach an anderem Ort gesucht werden. Wegen der nicht allzu großen Entfernung wäre zunächst an das Macellum von Morgantina zu denken, doch ist es unwahrscheinlich, daß der kleine, im späten 1. Jahrhundert v. Chr. abgebrannte und nicht wieder errichtete Bau einen attraktiven Bezug abgegeben hätte.[128] Das Vorbild vielmehr, wie schon einmal vorgeschlagen, im Macellum Liviae in Rom zu mutmaßen, gründet sich auf der Größe des Lepcitaner Bauwerks, das in der westlichen Reichshälfte außer in Rom keine Entsprechung findet, und auf der zeitlichen Nähe beider Macella.[129] Als eine nicht zu leugnende Schwierigkeit stellt sich allerdings die Differenz in der Datierung dar, da das Lepcitaner Bauwerk etwas früher eingeweiht wurde als das stadtrömische. Trifft der Zusammenhang dennoch zu, würde dies bedeuten, daß man in Lepcis hochaktuell über Aktivitäten in der Hauptstadt informiert war.

Außerordentliche Größe kennzeichnete mehr noch das Theater – nicht nur im Hinblick auf weitere öffentliche Gebäuden am Ort, sondern auch im Vergleich mit Theatern anderer Städte.[130] Prinzipiell waren Theaterneubauten in der augusteischen Ära so geläufig, daß man sich in Lepcis an ganz verschiedenen aktuellen Vorbildern ausrichten konnte. Innerhalb der Region stößt man jedoch wiederum auf keinen Ort, der mit einer gesicherten Bezugsmöglichkeit aufgewartet hätte: Das Theater von Sabratha ist wesentlich jünger, und die Annahme, es hätte dort schon einen frühen Vorgänger gegeben, bleibt rein hypothetisch. Vom Befund stellt sich die Situation in Carthago ähnlich dar, obwohl es kaum vorstellbar erscheint, daß eine so wichtige *colonia* nicht sehr rasch mit einem Theater bedacht worden wäre.[131]

Aus der auffälligen Nutzung der Türstürze für die Bauinschriften ergeben sich keine Hinweise. Obwohl nur wenige Parallelen erhalten sind, dürfte es sich um ein verbreitetes Phänomen gehandelt haben. An älteren Beispielen sind das *theatrum tectum* von Pompeii und das Theater von Emerita Augusta genannt worden.[132] Hinzu kommt das Theater von Carthago Nova.[133] Ein signifikantes Merkmal bietet das Lepcitaner Bauwerk dagegen mit seinem Tempel auf der Cavea. Die Erinnerung an das Pompeius-Theater in Rom stellt sich zwangsläufig ein.[134] Als einzige bekannte alternative Referenz in Nordafrika wäre an das Theater von Caesarea/Cherchel zu denken, nur will es nicht recht einleuchten, daß man eine Idee aus dem numidischen Königreich bezog, wo doch Italien räumlich und politisch Lepcis Magna entschieden näher stand. Stimmiger ist es, in Caesarea und Lepcis parallele, voneinander unabhängige Bezugnahmen auf das prominente stadtrömische Bauwerk zu anzunehmen.[135] Für das Theater in der Residenz Iubas II. ist diese konkrete Orientierung ebenfalls mehrfach schon vermerkt worden.[136]

Ein ebenso bedeutsames Vorbild lieferte der Tempel des vergöttlichten Caesar auf dem Forum Romanum. Auf ihn verwies gemäß mehrfachem Vorschlag der Roma-Augustus-Tempel mit seinem nur von den Seiten betretbaren vorgezogenen Podium, an dessen Front eine Reihe von Schiffsschnäbeln angebracht war.[137] Tatsächlich kommt kaum ein anderes Referenzwerk in Betracht. Zu denken wäre sonst noch an das gewaltige augusteische Monument in Nikopolis, das mit seinen zahlreichen Schiffsschnäbeln den Sieg von Actium verewigen sollte.[138] Unabhängig jedoch von der Frage, ob dieses Denkmal in Lepcis Magna überhaupt bekannt war, scheidet es wegen seines anderen Architekturtypus von vornherein als möglicher Kandidat aus. Rostren avancierten nach 31 v. Chr. in Rom zwar allgemein zu verbreiteten Objekten bzw. Symbolen,[139] auch in Sabratha gab es anscheinend einen bildlichen Reflex auf die Actium-Motivik,[140] aber es ist gerade jene spezifische Analogie der Anbringung an einem Tempel, die die genannte Bezugnahme über jeden Zweifel erhebt.

Mit dem Rekurs auf das stadtrömische Bauwerk wird zugleich verständlich, warum die Rostren in Lepcis noch an dem tiberischen Tempel erscheinen. Es ging weniger um eine Erinnerung an das weit zurückliegende militärische Ereignis als vielmehr um den konkreten Verweis auf die Bedeutung des Baus als Ort des Herrscherkults. Auf ihn bezog man sich in Lepcis, übertrug den Kult aber auf den (vergöttlichten) Sohn Caesars. Das schon im stadtrömischen Bau und seinem Kontext anklingende dynastische Programm wurde in Lepcis aufgenommen, zudem durch die Kombination mit weiteren Angehörigen der kaiserlichen Familie fortgeführt. Als Rekurs auf ein weiteres Denkmal in Rom ist dabei die Quadriga zu verstehen, die sich auf der Plattform vor dem Tempel erhob (Abb. 1); sie trug Statuen des Germanicus und des Drusus und knüpfte, wie Walter Trillmich erkannt hat, an den 19 n. Chr. beschlossenen Ehrenbogen des Germanicus im Circus Flaminius an.[141]

Die genannten Lepcitaner Bauten waren keine Kopien im strengen Wortsinn. Adaptiert wurden jeweils nur signifikante Merkmale, die offensichtlich reichten, um die ideelle Verbindung sinnfällig zu markieren.[142] Formal war es etwas anderes, wenn in spanischen Städten skulpturale Zitate auf das Augustusforum verwiesen, aber hier wie dort ging es um vergleichbaren Bedeutungstransfer.

Auf Rom bezog sich natürlich das Capitol – die Richtigkeit der Identifikation vorausgesetzt. Auch weitere Lepcitaner Bauten mögen Ihre Existenz einer Orientierung an Rom verdankt haben, ohne daß sie die Abhängigkeit wegen abweichender Erscheinung oder anderer Kontexte preisgeben; denkbar wäre dies beim Chalcidicum, das von dem gleichnamigen, von Augustus in den *Res Gestae* als eigenes Werk aufgeführten Monument an der Curia Iulia angeregt worden sein könnte.[143] Der im Lepcitaner Chalcidicum angesiedelte Kult des *Numen Augusti* hätte ebenfalls in Rom einen aktuellen Ansatzpunkt gehabt.[144] Tatsächlich reagierte man auch später noch rasch auf Ehrungen in Rom, so mit der Übernahme des Titels *Mater patriae* für Livia und der Setzung einer Statue der Kaiserin im Tempel der *Di Augusti* in der *porticus post scaenam* nach ihrer Divinisierung.[145]

Der Aufwertung der Stadt durch Rombezüge entsprachen in Lepcis bildliche Vergegenwärtigungen der Elite, mit denen lokale Notabeln vornehmen Römern in nichts nachstanden. Ein aussagekräftiges Denkmal bildet die Statue des Iddibal Caphada Aemilius, die im Bereich des von ihm gestifteten Chalcidicums gefunden wurde (Taf. 11,1): von hervorragender Qualität, wohl in einer östlichen Werkstatt gearbeitet, zeigt sie den Dargestellten in der Toga und mit *calcei*, die doppelte Senkel aufweisen.[146] Der Kopf ist dem Bildnisideal der spätrepublikanisch-augusteischen Aristokratie verpflichtet und wurde demnach für das frühclaudische Bildwerk kopiert (Taf. 8,2). Die Plinthe benennt den Dargestellten als Aemilius. Wie der vom Bauwerk bekannte vollständige Name zeigt, besaß der Geehrte kein römisches Bürgerrecht.[147]

Doch ist auch die Ansicht vertreten worden, wegen der Toga und des Schuhwerks könne es sich nicht um den Lepcitaner gehandelt haben. Die Tracht hätte ausschließlich einem Römer zugestanden, überdies, wie an den speziellen *calcei* zu sehen, nur einem Mann senatorischen Rangs.[148] Dem ist die Aussage der in wesentlichen Teilen erhaltenen Inschrift entgegenzuhalten. Frappieren würde für sich schon die Beschränkung eines römischen Namens auf das Gentilicium. Als Parallele könnte man sich auf Bildnisstatuen aus Rusellae berufen, da auch bei ihnen der Dargestellte jeweils nur mit einem Namen, dem Cognomen, bezeichnet ist, doch liegt in mehrfacher Hinsicht ein Sonderfall vor: Die Namen sind im Nominativ gegeben, indizieren also keine Ehrung; ferner galt es lediglich, einzelne Personen innerhalb eines familiären Kontexts zu benennen, wobei in drei Fällen zusätzlich noch das Verwandtschaftsverhältnis festgehalten ist.[149] Zur Statue in Nordafrika führt von hier kein Weg. Klare Beweiskraft zugunsten der Identifizierung als Iddibal Caphada fällt aber der Angabe des Flaminats an der Plinthe zu; *flamines Augusti* sind in Lepcis mit der Widmungsinschrift des Macellums seit 9/8 v. Chr. nachweisbar.[150]

Die bemerkenswerte Reduktion des Namens auf das Cognomen, unter Weglassung also der punischen Bestandteile, unterstreicht das römische Erscheinungsbild der Statue. Aemilius mag dabei schlicht die latinisierte Form von Himilis gewesen sein.[151]

Es lassen sich verschiedene Darstellungen von Lepcitanern anschließen, die allerdings namenlos bleiben. Soweit zu erkennen, legen sie auch in der Selbststilisierung etwas mehr Zurückhaltung an den Tag. Zu ihnen gehören einige lebensgroße Porträts aus lokaler Produktion, die im Theater von Lepcis angetroffen worden sind. Eines von ihnen erfuhr eine antike Umarbeitung, wie vor allem die Rückseite bezeugt (Taf. 8,1 a–b).[152] Über den Stirnhaaren rühren einige flache Strähnen noch vom ersten Zustand her und geben eine frühestens tiberische Entstehung zu erkennen; der Gedanke an Caligula als Erstinhaber liegt nahe. In frühclaudischer Zeit entstand sicher ein weiterer Männerkopf mit weicher Gesichtshaut, charakteristischem Verlauf der Brauenbögen und zeittypischem Stirnhaar (Taf. 8,4 a–b).[153] Stilistisch gleicht ihm der Kopf einer Frau, deren Frisur sich an Darstellungen der Antonia minor orientiert (Taf. 8,5 a–b).[154] Die drei Bildnisse sind zum Einsetzen gearbeitet, gehörten demnach am ehesten zu Statuen. Man darf annehmen, daß zumindest in den beiden letztgenannten wiederum Angehörige der Lepcitaner Oberschicht geehrt worden waren. Qualitativ bleiben sie weit hinter der Darstellung des Iddibal Caphada zurück, aber trotz der formalen Differenz bezeugen sie gleichermaßen eine enge Orientierung an den motivischen und stilistischen Vorgaben der ‚Reichskunst'.

Die männlichen Lepcitaner Bildnisse fanden in Togastatuen ihre bedeutungsmäßige Korrelation. Die Darstellungen des Iddibal Caphada und eines weiteren Mannes vom Chalcidicum bildeten keine Ausnahme; die Präsentation in der Toga war vielmehr die Regel (Taf. 11,1–2).[155] Allein aus dem Theater stammen fünf frühclaudische bzw. claudische Togati (Taf. 10);[156] hinzu kommen unpublizierte Torsen und Fragmente von Togastatuen, die an anderen Stellen angetroffen worden sind. Wie jene des Iddibal Caphada belegt, müssen die Inhaber dieser Bildwerke keineswegs Mitglieder der kaiserlichen Familie, römische Beamte oder Lepcitaner mit römischem Bürgerrecht gewesen sein.[157]

Die bildlichen Repräsentationen sind zusammen zu sehen mit der in Lepcis seit augusteischer Zeit gebräuchlichen Romanisierung bzw. Latinisierung der Namen. Schon Annobal Tapapius Rufus bediente sich des folgenreichen Musters durch das Formular der *tria nomina*, wobei er einen geläufigen lateinischen Namen als Cognomen annahm. Bei der Auswahl der Beinamen orientierte man sich zumeist an den Gentilnamen römischer Beamter.[158]

IV

Vergegenwärtigung und Verehrung des Kaisers und seiner Angehörigen

Augustus war auf vielfältige Weise in Lepcis Magna präsent. Für eine Stadt damaliger Zeit, egal von welchem Rang, war dieser Umstand durchaus gewöhnlich. Lepcis bietet aber noch vergleichsweise reiches Material und vermittelt wenigstens in Umrissen eine Vorstellung von der einstigen Allgegenwart des Kaisers.

Die ältesten faßbaren bildlichen Repräsentationen des Kaisers im lokalen Rahmen finden sich auf Münzen (Taf. 4,2 d).[159] Sie beinhalteten mehr als eine anschauliche Anerkennung der neuen Macht. Fraglos spielte der Loyalitätsaspekt eine Rolle. Darüber hinaus wurde Augustus aber ein Teil der eigenen Lepcitaner Welt, indem man sein Bildnis auf Münzen setzte, deren Rückseite den Stadtnamen in punischer Schrift verzeichnete. Zugleich ersetzte der Kaiser auf dem Avers die Stadtgottheit Schadrapa bzw. die Stadttyche (Taf. 8,3). Das Phänomen, daß das Bild des Kaisers die Darstellung einer lokalen Gottheit verdrängte, ist ebenso auf anderen autonomen Prägungen anzutreffen.[160] An weiteren Lepcitaner Emissionen läßt sich anschaulich eine Tendenz verfolgen, bei der die Symbole der Stadt fortschreitend zugunsten einer kaiserlichen Programmatik zurückgenommen wurden (Taf. 4,2 c) – auch dies in Übereinstimmung mit Prägungen anderer Städte.

Zeitgenössische rundplastische Darstellungen des Augustus lassen sich in Lepcis Magna noch an einzelnen Standorten nachweisen oder jedenfalls mit Sicherheit erschließen; einer von diesen ist das Theater.[161] Statuensetzungen zu Ehren des Kaisers bildeten in augusteischen Theatern ohnehin allerorten die Regel. Im räumlichen Kontext des Lepcitaner Baus ergaben sich zudem sinnfällige Beziehungen zu den Bauinschriften, die dem Kaiser huldigten.[162] Der Wechselbezug zwischen Bild und Text war anscheinend aber nicht von vornherein konzipiert, denn die erhaltene Basis ist auf 2 v. Chr. datiert und somit älter als die Dedikation des Gebäudes.[163] Den Auftrag erteilte auch nicht der Bauherr, sondern die Familie der Fulvii Lepcitani, die wahrscheinlich zu den wenigen seit augusteischer Zeit in Lepcis anwesenden Römern gehörten.[164] Offenkundig hielten sie den neuen Ort für geeignet, um dem Herrscher so rasch wie möglich Reverenz zu erweisen.[165]

Ein zweiter sicher zeitgenössischer Standort war das Chalcidicum. Das kaiserliche Bildwerk ist auf einem der zwei nicht sehr großen Sockel vor der Rückwand des Sacellums zu denken.[166] In der Nähe wurde ein Kopf des Octavian/Augustus vom Typus La Alcudia gefunden (Taf. 9,2). Sollte er zur Ausstattung des kleinen Heiligtums gehört haben, fand er dort mutmaßlich erst in Zweitaufstellung seinen Platz, da er mehrere Jahrzehnte früher als das 11/12 n. Chr. eingeweihte Bauwerk entstanden war.[167]

Augustus wird schon zu Lebzeiten auch auf dem Forum im Bild gegenwärtig gewesen sein. Das Fehlen einer betreffenden Inschrift besagt in der Hinsicht nichts. Epigraphisch bezeugt ist dagegen eine Statue des Prinzen C. Caesar. Sie wurde wiederum den Fulvii Lepcitani verdankt und gleichzeitig mit der Augustusstatue im Theater gesetzt.[168] Ein überlebensgroßes, in mancher Hinsicht ungewöhnliches Porträt des Augustus, das im Bereich des Roma-Augustus-Tempels gefunden worden ist, aber nicht zu dessen Kultgruppe zählte, könnte tatsächlich noch aus jener Zeit stammen, widersetzt sich aber wegen seiner schlechten Erhaltung einer Datierung auf stilistischer Grundlage (Taf. 9,6).[169]

Die Zahl der Bildnisse von Mitgliedern des Kaiserhauses wuchs mit der Divinisierung des ersten Kaisers und erweiterte sich im Verlauf der tiberischen Periode. Im Sacellum des Chalcidicums gesellten sich der neue Kaiser und Drusus minor hinzu.[170] Die flache, mit *divo Augusto* beschriftete Basis (Taf. 2,3) mag das schon vorhandene Standbild des Kaisers aufgenommen haben. Der Familienrepräsentation diente die in mitteltiberischer Zeit entstandene umfangreiche Gruppe, die den Roma-Augustus-Tempel bevölkerte (Abb. 1. Taf. 9,1. 9,5).[171] Mit ihrer Verteilung über Tribuna, Pronaos und Cella sowie mit ihrer Größenabstufung veranschaulichte sie die offizielle Hierarchie der Familie, setzte aber durch die zentrale Position der großen Quadriga der verstorbenen Prinzen zusätzlich einen aktuellen Akzent.[172] Unter Claudius kamen weitere Statuen hinzu, die sich zu mehr als einer Gruppe zusammenschlossen. Ihre genauen Standorte sind nicht so sicher zu ermitteln, wie bisweilen postuliert, doch legen ihre Fundstellen wiederum eine Bezugnahme auf den Roma-Augustus-Tempel nahe.[173] Erhaltene Sitzstatuen des Augustus (Taf. 12,1), der Livia (Taf. 12,2) und des Claudius sind inschriftlich datierten Basen von 45/46 n. Chr. zugeordnet worden;[174] nach D. Boschungs Beobachtungen trugen diese aber stehende Figuren und müssen von einem weiteren claudischen Zyklus stammen.[175]

Der Tempel auf dem Forum knüpfte an eine schon länger am Ort institutionalisierte Verehrung des Augustus an. Den ältesten Beleg liefert die zwischen 9/8 v. Chr. datierte Widmungsinschrift vom Macellum; sie dokumentiert, daß es *flamines Augusti Caesaris* am Ort mindestens seit dieser Zeit gab.[176] Die Bedeutung, die dem Kult am Ort beigemessen wurde, erhellt aus der Position, die die Priester innerhalb der Inschrift erhielten.[177] Wie in diversen Städten anderer westlicher Provinzen wird der munizipale Kult allein aus lokaler Initiative hervorgegangen sein.[178] Für den schon zu Lebzeiten des Kaisers eingerichteten und nach dessen Divinisierung mit einem eigenen Tempel bedachten Kult bot Tarraco eine Parallele, die, folgt man Tacitus, geradezu Modellcharakter für die übrigen Provinzen besaß.[179] Wo genau in Lepcis der ursprüngliche Kult zu lokalisieren ist, wird nicht berichtet. Als seine Stätte kommt das Chalcidicum jedenfalls schon aus zeitlichen Gründen nicht in Betracht; ohnehin darf man für ihn eine zentral gelegene Stelle erwarten. Vielleicht hatte er seinen Sitz in einem Vorgänger des Roma-Augustus-Tempels.

Neben Augustus genoß Livia in Tripolitanien hohe Verehrung, nicht nur als Gattin des Kaisers, sondern vor allem nach dessen Tod als Augusta und schließlich als *diva*.[180] Hinsichtlich ihrer Bedeutung für Lepcis Magna seien nur zwei unterschiedliche Aspekte angesprochen: Zum einen konnte sie in das Geflecht aktueller Rombezüge integriert werden, wie ihre Bilder mit der Beischrift *mater patria(e)* auf lokalen Münzen zeigen (Taf. 4,2a–b); die Legende rekurrierte auf einen Antrag des römischen Senats, die Kaiserin mit eben diesem Titel auszuzeichnen.[181] Zum anderen erwies sich Livia unter mehrfachen Vorzeichen als integrierbar in bestehende lokale wie reichsweite Vorstellungswelten, wie sich am Beispiel der Kultstatue im Tempel auf dem Theater verdeutlichen läßt (Taf. 10,2).[182] Formal ist das *sacrum* der Ceres Augusta geweiht, aber daran, daß Livia die Göttin personifizierte, ließ ihr Bildnis keinen Zweifel.[183] Als Ceres trat Livia die Nachfolge der Tanit an; mit deren Symbolen bzw. denjenigen der Ceres erschien Livia auch auf Münzen mehrerer afrikanischer Städte.[184] Angleichungen der Kaiserin an Ceres erfolgten aber ebenso in verschiedenen Städten des Reichs.[185] Sollte die Statue ein Füllhorn in der Hand gehalten haben, hätte sie sich anschaulich in die während der frühen Kaiserzeit überaus verbreitete, nicht auf Ceres beschränkte Fruchtbarkeitsprogrammatik eingefügt. Die Mauerkrone wiederum betonte den lokalen Kontext, indem sie an Darstellungen der Stadttyche auf Lepcitaner Münzen erinnerte.[186] Bedeutsam erscheint ferner, daß der Bau, vom Proconsul C. Rubellius Blandus dediziert, im Auftrag einer Frau errichtet worden war, die analog zu einem *ornator patriae* als *ornatrix patriae* gewürdigt wurde. Sie stellte sich damit anderen Frauen der frühen Kaiserzeit zur Seite, die verschiedenen Orts ebenfalls mit kostenintensiven Stiftungen hervorgetreten waren.[187]

V

Roms Eigenrepräsentation in der *civitas*

Folgt man der oben angeführten taciteischen Schilderung, müßte vorgängig die Provinzialverwaltung auf die Stadt Einfluß genommen haben, ehe diese sich selber romanisierte. Falls es tatsächlich so war, bildete sich ein entsprechendes Vorgehen jedenfalls nicht in den Lepcitaner Denkmälern ab, was aber insofern auch nicht überrascht, als Tacitus anscheinend primär an persönliche Begegnungen des Statthalters mit Vertretern der indigenen Bevölkerung dachte, sei es bei öffentlichen Auftritten, sei es bei privaten Begegnungen. Angesichts der relativen Dichte epigraphischer Dokumente gerade aus der frühen Kaiserzeit wird man es nicht für Zufall der Überlieferung erachten, wenn aus der augusteischen Periode kein Zeugnis für einen Bauauftrag oder eine andere Stiftung durch einen römischen Beamten vorliegt. Aber auch danach bleiben die Belege spärlich.

In tiberischer Zeit sorgte die Provinzialverwaltung für die Verbesserung von Verkehrswegen. Aus vielleicht nicht nur militärischen Gründen erfolgte der Ausbau der nach Süden abgehenden Fernstraße auf 44 Meilen; der Proconsul Lucius Aelius Lamia handelte mit dem spätestens 17 n. Chr. fertiggestellten Projekt in kaiserlichem Auftrag.[188] Diese Straße *in mediterraneum* führte durch das Lepcis gehörige umfängliche Territorium, begann aber außerhalb des eigentlichen Stadtgebiets. Knapp 20 Jahre später konnte die Provinzialverwaltung darauf verweisen, daß sie sich auch der Straßen innerhalb der Stadt angenommen hatte; sie hatte sie allerdings nicht mit eigenen Mitteln finanziert.[189] In spättiberische Zeit gehören ferner Reste einer monumentalen Inschrift im Macellum zu Ehren des Kaisers; unter Umständen kann diese doch als Auftrag eines Statthalters interpretiert werden.[190]

Darüber hinaus präsentierte sich zumindest ein Proconsul als siegreicher Feldherr in der Stadt: Dolabella mit einer Weihung an die Victoria Augusta anläßlich der Überwindung des ‚Rebellen' Tacfarinas.[191] In Oea gedachte man desselben Erfolges wohl im städtischen Auftrag.[192]

Verbindungen zwischen der Provinzialverwaltung und der Stadt basierten zudem vielfach auf Patronage. Mit dem Statthalter Marcus Licinius Crassus ist das erste Mal ein Römer mit der Funktion eines *patronus* für Lepcis belegt.[193] In der Zeit von Tiberius bis Vespasian übernahmen weiterhin mehrere Proconsuln und proprätorische Legaten den Patronat. Wiederum deutet aber nichts darauf hin, daß, von einer eventuellen Ausnahme abgesehen, einer von ihnen der Stadt ein Bauwerk oder eine vergleichbare aufwendige Stiftung hätte zukommen lassen.[194] Noch zurückhaltender zeigte sich das Herrscherhaus, das außer im Fall der genannten Fernstraße vor dem 2. Jahrhundert am Ort überhaupt nicht auf den Plan trat.[195]

Auf der Gegenseite sind Dedikationen seitens der Statthalter sehr zahlreich.[196] Sie setzten bereits unter Augustus ein.[197] Ab tiberischer Zeit war es sogar die Regel, daß Proconsuln Tempel und andere, von einheimischen Notabeln initiierte wie auch finanzierte Gebäude einweihten oder gegebenenfalls diesen Akt an Legaten delegierten.[198] Die außerordentliche Fürsorge, die die Provinzialverwaltung der Stadt entgegenbrachte, beruhte gemäß denkbarer Erklärung auf zwei Faktoren: Ausschlaggebend waren zum einen die kriegerischen Konflikte der frühen Kaiserzeit, zum anderen vielleicht Lepcis' erwägenswerte Funktion als Konventsort für Tripolitanien.[199]

Die quasi permanente Nennung des römischen Amtsinhabers als denjenigen, der den Monumenten erst ihre Gültigkeit verlieh, signifizierte die peregrine Stadt als einen festen Bestandteil des Imperiums. Für die Stifter der Bauwerke, die epigraphisch ja gemeinschaftlich mit den Statthaltern auftraten, war es eine Akkreditierung ihrer Leistungen und eine Anerkennung ihrer Person als ‚Partner'. Insofern ergibt sich eine gewisse Parallele zu den Belobigungen, die Agricola laut Tacitus denjenigen erteilte, die die gewünschte Bautätigkeit realisierten.

VI

Materielle Kultur und lokaler Diskurs

Das eingangs reklamierte Postulat eines dynamischen Kulturverständnisses ist auf seine Anwendbarkeit zu befragen, wenn als Quellen nahezu ausschließlich steinerne Zeugnisse zur Verfügung stehen. Inwieweit spiegeln die Lepcitaner Denkmäler Prozesse der Meinungsbildung mit Blick auf den kulturellen Wandel während der frühen Kaiserzeit? Gibt es daneben Zeichen für ein Fortbestehen traditioneller lokaler Normen und Wertvorstellungen?

Die letztgenannte Frage wird von einem Teil der Forschung durchaus positiv beantwortet; es ist von „conservatorismo punico" und spiegelbildlich von „superficiale romanizzazione" gesprochen worden.[200] David J. Mattingly brachte solche Einschätzung mit aller Deutlichkeit zur Geltung, als er dem römischen Erscheinungsbild der tripolitanischen Städte und den römisch adaptierten Göttern entgegensetzte: „beneath this surface gloss Punic culture and language survived".[201]

Von vornherein auszuschließen ist, daß eine potentielle Opposition gegen Rom im öffentlichen Raum sichtbare Gestalt gefunden hätte. Lepcis Magna war in dieser Hinsicht ebenso wenig ‚autonom' wie jede andere Stadt des Imperiums,[202] und es bedurfte nicht einmal einer übergeordneten Kontrolle, um jedweden Widerspruch auszuschalten.

Nimmt man die Großbauten, Stifterinschriften und Ehrenstatuen als Zeugnis für die Diskurse der lokalen Elite, dominiert der Eindruck intensiver Bemühungen, sich als Angehörige des Imperiums auszuweisen. Dafür nutzte man weitgehend dieselben Formen wie in anderen Städten und verband Selbststilisierungen mit Loyalitätsbekundungen gegenüber der staatlichen Macht. In dieser Hinsicht muß der „führenden Klasse",[203] die am Ort fraglos die Meinungsführerschaft beanspruchte, ein hohes Maß an Konsequenz bescheinigt werden. Die neuen Symbole wie die Toga oder Praktiken wie der Kaiserkult wirkten dabei zwangsläufig über den Rahmen der eigenen Gruppe in alle Teile der lokalen Gesellschaft hinein. Daß die Elite zugleich ihre Akzeptanz durch die Bevölkerung im Blick hatte, versteht sich von selbst und wird darüber hinaus an den Gebäudestiftungen unmittelbar deutlich, da diese von Anbeginn auf intensive öffentliche Wahrnehmung und Nutzung angelegt waren. Eine Romanisierung der eigenen Bevölkerung wird gleichwohl schwerlich in der Absicht der Auftraggeber gelegen haben.

Vor dem Hintergrund der großen Schnittmenge überregional analoger Phänomene verdient jede Abweichung vom Regelfall Beachtung. Dies berührt sich mit der skizzierten Frage nach Traditionselementen, die als kulturelle Substrate fortwirkten.

Allerdings bedeutete nicht jedes Festhalten an Herkömmlichem oder umgekehrt jedes Ausblenden von Innovationen ein dezidiertes Bekenntnis zur eigenen Vergangenheit. Wenn die Bauornamentik der frühen Kaiserzeit in Lepcis wesentlich konventioneller blieb, als man bei dem aktuellen Anspruch der Bauwerke vermuten könnte, und wenn die in der römisch-frühkaiserzeitlichen Architektur so beliebte korinthische Ordnung in Lepcis weder bei Sakral- noch Zweckbauten eine Aufnahme fand, zeugt das lediglich von der in Relation gesehen geringeren Wertigkeit des ‚Dekors'. Erst ab dem mittleren 1. Jahrhundert n. Chr. trat dann das korinthische Normalkapitell auch in Lepcis vermehrt in Erscheinung.[204]

Unter dem Aspekt der Kontinuität ist die Besonderheit aussagekräftiger, daß hier – und in Tripolitanien insgesamt – die neopunische Schrift weiterverwendet wurde. Primär handelte es sich um eine Konzession an die am Ort gebräuchliche Sprache und damit auch um einen Reflex auf gesellschaftliche Erwartungshaltungen. Man darf, wie schon angesprochen, nicht voraussetzen, daß jeder Betrachter einer solchen Inschrift sie lesen konnte; das Signalement des Vertrauten konnte schon in der bildhaften Erscheinung der Schrift wirksam werden. Auf jeden Fall machte der Verweis auf die herkömmliche Sprache nur Sinn, wenn diese weiterhin als konstitutives Merkmal sozialer Identität verstanden wurde. Die anhaltende gesellschaftliche Relevanz der traditionellen Sprache konnte sich vor allem in Kontexten außerhalb der städtischen bzw. offiziellen Sphäre abbilden, so auf einer am Stadtrand gefundenen, neopunisch beschrifteten Tafel, die von Stiftungen in das Heiligtum des semitischen Gottes El berichtet.[205]

Wie oben anhand mehrerer Beispiele zu erläutern war, korrespondierten mit den neopunischen Bauinschriften gemeinhin lateinische Versionen, sei es in getrennter Anbringung, sei es in zusammenhängender Eintragung auf ein und demselben Träger. Unter beiden Möglichkeiten traten die Fassungen in eine ungleichgewichtige Relation: Bei getrennter Ausführung wurde den lateinischen Inschriften eine wirkungsvollere, weithin sichtbare Stelle zugestanden, in Bilinguen erhielten die lateinischen Fassungen den ersten Platz und die größere Fläche.[206] Auf den ersten Blick erscheint die örtliche Sprache als die geringer wertige, die sich ganz der neuen unterzuordnen habe und die nur mit Rücksicht auf einen der Tradition verhafteten Bevölkerungsteil hinzugefügt worden sei. Zur Bestätigung könnte man sich auf Apuleius berufen, der in seiner Apologie einem jungen Menschen schlechtes Verhalten und fehlende Bildung attestiert, zumal er nur Punisch spreche; Lateinisch könne und wolle er nicht reden.[207] Hierbei sind aber die spätere Zeit und die spezielle Situation einer Gerichtsverhandlung vor römischen Richtern zu berücksichtigen. In solchem Kontext können der Vorwurf der Sittenlosigkeit und der mangelnden Sprachkenntnis erfolgreich als Mittel der Diskreditierung eingesetzt werden. Über die soziale Wertung des Punischen aus Sicht der Bevölkerung sagt der Text nichts aus.

Stimmiger erscheint es denn auch, die öffentliche Verwendung der neopunischen Schrift und punischen Sprache umgekehrt zu verstehen, nämlich als angemessene Präsentation des Eigenen im ‚weltweiten' Umfeld.[208] Allerdings hatte das Konzept keine Gültigkeit von Dauer. Schrittweise nahm die neopunische Schrift an Bedeutung ab. In der Münzprägung erfolgte eine signifikante Modifizierung unter Tiberius, indem der neopunisch geschriebene Name der Stadt, der vordem stark betont worden war, nur noch in extrem reduzierter Größe erscheint, während die lateinische Umschrift auf dem Avers Tiberius und auf dem Revers Livia gewidmet ist. Livia als *mater patriae* nimmt im Bild die Stelle des herkömmlichen schriftlichen Symbols für die Stadt ein (Taf. 4,2 a–b).[209]

Bei Widmungsinschriften von Bauwerken spielte Latein schon in augusteischer Zeit die wichtigere Rolle. Bauinschriften der Folgezeit sind regelmäßig lateinisch abgefaßt, was damit übereingeht, daß, einmal wohl bereits unter Augustus nachweisbar, dann regelmäßig der Proconsul als Dedikant auftrat.[210] Geradezu unauffällig ist demgegenüber die neopunische Inschrift am Eingang des Roma-Augustus-Tempels angebracht. Ein neopunischer Anteil findet sich wieder am Ende der claudischen Periode anläßlich der neuen Pflasterung des Forums. Von ursprünglich vier in diesem Zusammenhang aufgestellten Stelen sind eine ganz und eine zumindest fragmentarisch erhalten (Taf. 3, 1).[211] Für sie ist eine eklatante Differenz in der Präsentation der Fassungen charakteristisch, da die nur leicht eingetieften kleinen neopunischen Zeichen im unteren Achtel des Feldes sich optisch in keiner Weise neben der Menge der lateinischen Bronzebuchstaben zu behaupten vermögen.

Einzelne zweisprachige Stiftungen gab es noch in der 2. Hälfte des 1. Jahrhunderts. Das Punische erlitt dabei einen weitergehenden Bedeutungsverlust.[212] Man gewinnt den Eindruck, daß in diesen Fällen nur der Konvention halber noch dem Neopunischen ein minimaler Raum konzediert wurde, und man darf wohl folgern, daß die lokale Gesellschaft mindestens seit dem mittleren 1. Jahrhundert mehrheitlich eher die lateinische Schrift als die ihnen angemessene betrachtete. Welcher Anteil der Bevölkerung tatsächlich bereits Latein verstand oder auch schon nutzte, bleibt notwendig eine offene Frage. Wichtiger erscheint ohnehin, daß das zentrale Medium sozialer Kommunikation in einem längeren Prozeß des Aushandelns ‚romanisiert' wurde und daß dieser Prozeß vergleichsweise lange Zeit beanspruchte, bezogen auf die schon rund um die Zeitenwende vollzogene Markierung des Stadtraums mit römischen Architekturdenkmälern.

Angemerkt sei, daß eine ähnliche Tendenz sich eventuell in der Porträtkunst beobachten läßt. Der Kopf des Iddibal Caphada Aemilius, eine augusteische Schöpfung, zeigt ungeachtet seiner römisch-aristokratischen Bildniskonzeption ein Kraushaar, das mit der nordafrikanischen Herkunft des Dargestellten in Verbindung gebracht worden ist (Taf. 8, 2). Gemessen an der Gesamtwirkung des Kopfes ist es ein zwar nachgeordneter, aber immerhin für wiedergabewürdig erachteter Aspekt. Das zweite, typologisch jüngere Bildnis vom selben Fundort verfügt dagegen über eine seiner frühclaudischen Entstehung gemäße Modefrisur ohne regionale Referenzen (Taf. 11, 2). Gleiches gilt für die Köpfe vom Theater (Taf. 8, 1 a–b. 8, 4–5). Die Denkmälerbasis ist hier aber zu schmal, um eine verbindliche Aussage im Sinne einer Entwicklung treffen zu können.

Neben der Kontinuierung punischer Sprache sind einige ungewöhnliche lateinische Begriffe als punisches Erbe klassifiziert worden. Es handelt sich um Ehrenbezeichnungen oder Titel wie *ornator patriae*, *amator patriae*, *amator civium* und ähnliche Bildungen, die in Tripolitanien bis in die Spätantike verliehen wurden.[213] Waren sie tatsächlich, wie mehrfach angenommen, Übersetzungen aus dem Punischen,[214] so spielte dieser Hintergrund bei ihrer epigraphischen Verwendung keine Rolle. Der *ornator patriae* Annobal Tapapius in den Bauinschriften des Theaters bildete das ‚Gegenstück' zum *pater patriae* Augustus (Taf. 5, 3), und die *ornatrix patriae* Suphunibal war die Stifterin des Theatertempels, den der in derselben Zeile aufgeführte Proconsul dedizierte (Taf. 5, 1).[215] Mit *patria* und *cives* wurden zwar lokale Zusammenhänge beschrieben, aber aus einer römischen Perspektive gesehen.

Schwerer verständlich sind die Umdeutungen der für Identitätskonstruktionen wichtigen lokalen Götter. Sah ein Lepcitaner in Liber Pater weiterhin Schadrapa und in Hercules unverändert Milkaschtart?[216] Aus dem komplexen, kaum gültig zu beantwortenden Problemfeld seien nur drei Aspekte herausgehoben: Erstens erschienen die beiden Gottheiten bereits auf lokalen Münzbildern in griechischer Gestalt, was in einer punischen Stadt nicht weiter verwundert (Taf. 8, 3 a–b).[217] Es bestand also anläßlich der neuen Namensgebung keine Notwendigkeit typologischer oder ikonographischer Transformationen. – Zweitens scheint das Gewicht ihrer Kulte gegenüber den importierten römischen zurückgedrängt worden zu sein; zumindest deutet sich diese Relation in den Tempeln auf dem Forum an, wenn die oben vertretene Bestimmung der Kultinhaber zutrifft.[218] Vergleichbare Erscheinungen sind von mehreren nordafrikanischen Städten bekannt.[219] Insbesondere der Kaiser trat an die Stelle der alten Götter, wie den betreffenden Kulteinrichtungen in vielen Städten des Reichs abzulesen ist.[220] – Drittens konnten herkömmliche Funktionen von Gottheiten auf ‚neue' übergehen, wie beispielhaft mit der Kultstatue der Ceres Augusta vom Theatertempel angesprochen worden ist (Taf. 3, 2). Die letzteren zwei Phänomene zusammengesehen, kristallisiert sich in Umrissen ein Konzept heraus, das stärker auf einen Ersatz der alten Götter als auf deren Romanisierung abzielte. Außerhalb der offiziellen Kulte werden örtliche religiöse Traditionen einen größeren Spielraum behalten haben.[221]

Unter dem Strich ergibt sich ein zwiespältiges Bild: Die von der Lepcitaner Elite mit großer Intensität betriebene Orientierung auf Rom, ihre bildlichen und schriftlichen Selbstbeschreibungen wie auch die Neugestaltung des Stadtraums beinhalteten mehr als nur eine Fassade. Die kulturelle Zuordnung korrelierte mit der politischen Wirklichkeit. Ob der rasche Wandel von allen sozialen Gruppen getragen wurde, läßt sich nicht entscheiden; das Ausbleiben eines ebenso raschen Sprachwechsels zumindest in Teilen der Bevölkerung darf aber nicht als Bekenntnis zu einer nichtrömischen Identität mißverstanden werden. Letzteres galt für Tripolitanien insgesamt. Das Festhalten an eigenen Sprachen war überdies ein in verschiedenen Provinzen zu beobachtendes Phänomen, und man gewinnt den Eindruck, daß es von der Provinzialverwaltung nicht nur akzeptiert, sondern geradezu unterstützt wurde.[222]

Innerhalb der städtischen Elite spielte die Familie der Tapapi eine herausragende Rolle, die auch und gerade in der Bautätigkeit zum Ausdruck kam.[223] Annobal Tapapius Rufus, Sohn des Himilcho, fungierte mit der Errichtung des Macellums und des Theaters als einer der Protagonisten bei der Einführung von Gebäuden römischer Typologie.[224] Iddibal Tapapius Lepcitanus, Sohn des Mago, finanzierte den frühclaudischen Tempel der *Di Augusti*.[225] Ithymbal Sabinus Tapapius, Sohn des Irin, war an der neronischen Porticus am Hafen beteiligt.[226] Das Gewicht der Familie unterstreicht, daß Bodmelqart Tapapius [.]rycl' (Graeculus?), Sohn des Bodmelqart, einer der beiden Sufeten war, als der Roma-Augustus-Tempel unter Tiberius seine skulpturale Ausstattung erhielt.[227]

Es mag sein, daß die ersten augusteischen Baumaßnahmen am Forum schon vor den Aktivitäten im neuen, südwestlich gelegenen Stadtbereich begonnen hatten. Zu denken ist vor allem an den mutmaßlich der kapitolinischen Trias geweihten Tempel.[228] Aus der Perspektive des gesellschaftlichen ‚Gebrauchswerts' gebührte aber dem Macellum der erste Rang. Die Hebung der Lebensqualität bildete unter Augustus allgemein einen wesentlichen Gegenstand positiver Wahrnehmung der neuen Verhältnisse. Es beruhte deshalb kaum auf Zufall, wenn Annobal Tapapius sich am Beginn seiner Stiftertätigkeit für ein entsprechendes Bauwerk entschied, obwohl es in der Region nicht zum Repertoire städtebaulicher Erneuerung gehörte. Welche Relevanz dem Themenfeld Handel und Prosperität zugemessen wurde, zeichnet sich nicht zuletzt im Einsatz von Bildmotiven ab. Im Schlußstein eines Eingangsbogens zum Macellum tritt im Relief ein Caduceus hervor (Taf. 2,1).[229] Im Theater verheißen Füllhörner glückliche Zeiten (Taf. 4,1); in der Lepcitaner Münzprägung erscheint ein Füllhorn in Verbindung mit dem Capricorn (Taf. 4,2c). Diese reichsweit verbreiteten Symbole vernetzten die lokale Situation mit den Augustus zu verdankenden Errungenschaften des Imperiums. Erinnert sei an das ebenfalls im Theater zu sehende Concordiamotiv, da es zusammen mit seiner Inschrift die Verbindung der *patriae* direkt thematisiert (Taf. 5,3). Verständlich waren die Symbole jedem Betrachter. Daß sie in Lepcis mit einer besonderen Bedeutung aufgefüllt worden wären, läßt sich nicht erkennen, sieht man davon ab, daß die Vertreter der lokalen Elite die Zeichen sich selber zuordneten und sie gegenüber der Einwohnerschaft als Vermittler und Garanten der reklamierten Qualitäten auftraten.

Die Frage nach lokalen Identitätskonstruktionen kann, soweit den Denkmälern zu entnehmen, nur dialektisch beantwortet werden: Lepcis präsentierte sich als eigenständig und zugleich als Teil des Reichs. Die Stadt Rom diente Lepcis als Vorbild für Gebäude, Kulte und bildliche Darstellungen der Notabeln. Und doch wurde im allgemeinen Abstand eingehalten, angefangen von der Hierarchiebeschreibung in der Widmungsinschrift des Macellums über die postulierte Differenzierung der Kulte am Forum bis hin zum von vornherein abgestuften Einsatz der Sprachen und Schriften, um die signifikantesten Bereiche hervorzuheben. Gesucht wurde eine Angleichung an Rom, vermieden wurde der Gestus der Gleichrangigkeit, sobald es die politische Ebene betraf. Selbst die Bauinschriften vom Theater, die die Distanz zwischen dem Kaiser und einem wichtigen Mann am Ort minimierten, fügten sich in dieses Raster, indem sie die im Bild inszenierte Nähe der Kontrahenten und ihrer *patriae* durch eine Verteilung auf ‚oben' und ‚unten' relativierten. Diese einträchtige Verbindung von doch nicht gleichwertigen Partnern entsprach dem Zusammenschluß der Forumstempel.

Jedwede Notwendigkeit einer Differenzbeschreibung, mochte sie sich auch noch so sehr auf eine Feinabstufung beschränken, entfiel verständlicherweise bei individuellen Darstellungen respektive solchen Darstellungen, die nur lokalgesellschaftliche Zusammenhänge berücksichtigten. Wie oben ausgeführt, wurde der Bauherr des Chalcidicums, nicht einmal ein *civis Romanus*, in seiner Ehrenstatue einem Mitglied des *ordo senatorius* gleich gewürdigt (Taf. 11,1). Das beinhaltete hier aber eine Umdeutung der Symbole, da mit ihnen offenkundig ein *domi nobilis* gekennzeichnet werden sollte.

Zeitlich fiel das Standbild in eine Phase, die in Lepcis Magna insgesamt eine stark vermehrte Setzung von Ehrenstatuen mit sich brachte, was in erster Linie für offizielle, eingeschränkt aber auch private Bildwerke galt.[230] Die Quantität der noch erhaltenen oder erschließbaren Beispiele ist so beträchtlich, daß ein Zufall der Überlieferung ausscheidet. Damit ergibt sich eine chronologische Differenz gegenüber der Errichtung von Großbauten, da bei ihnen der Schwerpunkt in der augusteischen Ära lag. Ab tiberischer Zeit ging die Zahl aufwendiger Neubauten deutlich zurück. Das Phänomen reduzierter Bautätigkeit erklärt sich unschwer aus dem Umstand, daß für weite öffentliche Bereiche eine Bedarfsdeckung bereits erreicht war. Gleichwohl bleibt der Unterschied festzuhalten, daß bildliche Repräsentationen zunächst offensichtlich nicht für so wichtig erachtet wurden wie architektonische: So läßt sich für das Theater in seiner Frühzeit einzig eine Statue des Augustus ermitteln. Das Kultbild der Livia (Taf. 3,2), aufgestellt in dem schon unter Augustus vorgesehenen Tempel auf der Cavea, folgte erst dreieinhalb Jahrzehnte später, dann aber schlossen bald mehrfache Setzungen von Ehrenstatuen (Taf. 8,1–2. 8,4–5. 10,1–4) und die Kultbilder der *di Augusti* im Tempel auf dem Theaterplatz an. Auf dem Forum herrschte eine ähnliche Situation. Aus augusteischer Zeit stammt von dort lediglich ein eventuell zeitgenössisches Porträt des Kaisers (Taf. 9,6); hinzu kam eine Ehrung für C. Caesar.[231] Die Situation wandelte sich grundlegend mit den Zyklen offizieller Bildnisse unter Tiberius und Claudius (Abb. 1. Taf. 9,1. 9,5. 12,1–2). Privatbildnisse sind, wenngleich weniger zahlreich, in Lepcis erst ab der claudischen Ära nachweisbar. Sie bildeten einen Reflex auf die zahlreichen Darstellungen von Mitgliedern des Kaiserhauses.

Anmerkungen

In der Untersuchung nicht berücksichtigt ist C. Waschke, Lepcis Magna. Repräsentation kultureller Interaktion (unpublizierte Magisterarbeit, Heidelberg 2010).

[1] Aufgrund der überbordenden Literatur zum Thema erübrigt sich eine Auflistung von Titeln. Bei einem Blick in einschlägige Bibliographien fällt aber eine deutliche Abnahme an betreffenden Publikationen in den letzten Jahren auf.

[2] Zur englischen Theoriediskussion, die, mit starker Betonung der prähistorischen Forschung, zunächst Akkulturationsmodelle favorisierte, dann um so entschiedener auf deren Ablehnung fokussierte und ihnen Konzepte einer „contextual archaeology“ bzw. „symbolic and structural archaeology“ entgegenzustellen suchte, s. Hodder 1982; Wolfram 1986; Krausse 1996; Barrett 1997; Woolf 2001, 1123–1124. Ausführliche Kritik des Akkulturationskonzepts bei Gotter 2001.

[3] Vgl. Witschel 2008, 44, der Romanisierung als „eine ständig neu verhandelte Kommunikation zwischen Zentrum und Peripherie“ definiert und den entstehenden lokalen Kulturen ein beträchtliches Maß an Eigenständigkeit zugesteht.

[4] Wie wenig der Wandel des Kulturbegriffs die Archäologie erreicht hat, läßt sich beispielsweise daran ermessen, daß bei Schörner 2005 zwar ausdrücklich die Theoriediskussion in mehreren Beiträgen reflektiert wird, zugleich aber das herkömmliche Verständnis einer geschlossenen römischen Kultur nicht zur Disposition steht.

[5] In der Ethnologie selbst hat sich – nicht weniger unter dem Eindruck der Globalisierung – ein prinzipieller Wandel vollzogen. Für Geertz 1983 besaßen Symbole noch feste Bedeutungszuweisungen. Solche Sicht gilt im Fach generell als überholt und ist dialogischen Konzepten gewichen, vgl. z. B. Clifford 1986. Zur Kritik des Symbolverständnisses bei Geertz s. u. a. Hörning – Reuter 2006, 109–112.

[6] Zur Begriffsdifferenz s. Spickermann 2001; Woolf 2001.

[7] So bereits Mommsen 1885, 1–6. 225–227.

[8] Für Lepcis Magna hat bereits R. Bianchi Bandinelli (Bianchi Bandinelli – Caputo – Vergara Caffarelli 1966, 17–18) die Forderung erhoben, die kaiserzeitliche Stadt nicht aus der Perspektive Roms, sondern aus dem Blickwinkel der lokalen Auftraggeber zu betrachten und nach den Identitätskonstruktionen der Lepcitaner Elite zu fragen.

[9] Eine extreme Position nahm Bénabou 1976 ein, indem er die Romanisierung der nordafrikanischen Eliten als Element römischer Politik einstufte, konsequent dann eine Widerstandshaltung auf Seiten einzelner Bevölkerungsteile, insbesondere tribaler Gruppen postulierte. Der Erfahrungshintergrund französischer Kolonien in Nordafrika ist evident.

[10] Grundlegend für den Wechsel zu einer differenzierteren Interpretation war Woolf 1998.

[11] Mit *adiuvare publice* kann auch finanzielle Förderung durch staatliche Mittel gemeint sein: Heubner 1984, 68–69.

[12] Tac. Agr. 21, deutsch unter Verwendung der Übersetzung von K. Büchner.

[13] Dio Cass. 56, 18. Dazu Savino 1999, 29 mit Anm. 71 (Lit.).

[14] Berücksichtigt wird hier allein Tacitus wegen der relativen Ausführlichkeit seiner Darstellung. Er stand mit seinem Verständnis von Kultur bzw. Zivilisation – *humanitas* – keineswegs alleine: Woolf 1998. Umgekehrt erwächst aus dem Kontext aber um so mehr Berechtigung, seiner Darlegung Aufmerksamkeit zu schenken.

[15] Zu Mommsens und Haverfields Verständnis des Textes s. Rothe 2005, 5–7. Savino 1999, 29–30 mit Anm. 75 zu neueren Auslegungen. Vgl. von Hesberg 1995, 64–65.

[16] Ausgangspunkt waren laut Tac. Agr. 18–20 ein Sieg über die aufständischen Ordovici und die Eroberung der Insel Mona (Anglesey). Die vorausgegangenen Jahre seit der ersten Unterwerfung der Ordovici durch Paulinus finden keine Berücksichtigung im Sinne einer kulturellen Kontaktsituation.

[17] Anders im Fall der Überlieferung zu Varus: Dio Cass. 56, 14, 4–5, geht auf die unterschiedlichen Reaktionen der Stammesführer wie auch der Massen ein.

[18] Vgl. dazu und im folgenden Kreikenbom 2004, 258–261.

[19] Di Vita-Evrard 1981, 197–198. Vorsichtiger Savino 1999, 105. Zum Status der Stadt ausführlich Kleinwächter 2001, 219–222.

[20] MacMullen 2000, 36. 148–149 Anm. 21. 22 (Nennung anderer Städte mit weiterhin punischer Verfassung).

[21] SNG 42 1969, Nr. 1-9; Kurz 2001, 27–31 Nr. 26–36; 66–71 Taf. 1. Zur Lepcitaner Münzprägung insgesamt Vanni 1990; Alexandropoulos 2000, 255–264. 439–440. Ein seit langem für Libya antiqua vorgesehener und ebenfalls auf die frühe Lepcitaner Münzprägung eingehender Beitrag von M. Munzi (Dalla egemonia punica alla libertas Romana) steht weiterhin wegen Nichterscheinen des betreffenden Zeitschriftenbandes aus. – Gros 1990, 566 weist darauf hin, daß frühkaiserzeitliche Münzen aus Carthago im Unterschied zu denen aus Lepcis keinerlei Anspielungen auf punische Gottheiten kennen und wertet dies als Ausdruck einer „romanisation totale".

[22] Birley 1988, 3–6; Kreikenbom 2004, 259–260.

[23] Über die Gründung ist zu erfahren, sie sei von Sidon (Plin. Nat. 5, 19, 76; Sil. Pun. 3, 256) oder Tyros (Sall. Iug. 19. 78) ausgegangen. Die direkte Herleitung von einer Stadt in Phönizien ist zwar mehrfach bezweifelt, statt dessen für eine Gründung von Carthago erachtet worden (z. B. Birley 1988 a, 2). Die Lepcitaner selber erachteten aber später noch Tyros als ihre Metropolis: Mahler 2005, 17–19 mit Nachweisen. Von einem nicht bekannten Moment an mußte Lepcis Abgaben von erheblicher Höhe an Carthago leisten: Liv. 34, 62, 3. Die Stelle bei Livius läßt sich vielleicht auch dahingehend verstehen, daß alle *emporia* an der afrikanischen Küste hohes *vectigal* an Carthago zu entrichten hatten: Savino 1999, 100 mit Nachweisen. Laut Kleinwächter 2001, 217–218 dürfte Lepcis spätestens seit dem späten 6. Jh. v. Chr. von Carthago abhängig gewesen sein. Im 2. Jh. v. Chr. trat dann das numidische Reich an die Stelle Carthagos: Polyb. 31, 21, 1; Liv. 34, 62. Lepcis behielt aber seinen weitgehend autonomen Status: Sall. Iug. 78.

[24] Laut Musso 2008, 161 war dies der Beginn des römischen Einflusses auf Lepcis.

[25] Sall. Iug. 77. Die mehrfach für das gesamte 1. Jh. v. Chr. postulierten politischen und wirtschaftlichen Beziehungen zwischen Lepcis und Rom (vgl. Di Vita – Livadiotti 2005, 132 [N. Masturzo]) erscheinen möglich, sind quellenmäßig aber nicht abgedeckt.

[26] Kleinwächter 2001, 218.

[27] Dies betrifft vor allem die Frage, wie lange Lepcis Magna die ungeheure Menge von 3 Millionen Pfund Öl zu liefern hatte, die Caesar als jährlich zu leistende Abgabe bestimmt hatte: Savino 1999, 105. 134 Anm. 216 – falls es sich tatsächlich um Lepcis Magna und nicht etwa um Leptiminus handelte: Floriani Squarciapino 1966, 11; Kleinwächter 2001, 218 mit Anm. 1399.

[28] Vanni 1990, 36.

[29] Mattingly 1995, 51.

[30] Birley 1988 a, 8; Mattingly 1995, 51. Zur Diskussion vgl. Savino 1999, 105 Anm. 53.

[31] Cic. Verr. 2, 5, 155. Zur Person s. Rebuffat 1986.

[32] Anders Bullo 2002, 166, die auf die Anwesenheit einer Mehrzahl von *negotiatores* schloß. Zurückhaltend in dieser Hinsicht die Einschätzung bei Musso 2010, 119.

[33] Birley 1988, 3 verweist auf spätere Herennii in Oea und Lepcis, bei denen es sich um Nachkommen von Klienten oder Freigelassenen des Ritters gehandelt haben könne. Die Verbindung ist hypothetisch, zumal angesichts der Verbreitung des Gentilnamens.

[34] MacMullen 2000, 36 Anm. 19 bringt Herennius mit römischen Händlern in anderen Städten Nordafrikas in Verbindung; sie „[...] prepared their towns for promotion in form and title".

[35] Floriani Squarciapino 1966, 110–111 Abb. 52; Di Vita – Livadiotti 2005, 17 Abb. 2 a–f (A. Di Vita); Kreikenbom 2008, 202 Abb. 15. Zum Fundort s. Bartoccini 1958 a, 36–37. Falls die Statuen zum neronischen Sacellum gehörten, dürfte es eine Zweitaufstellung gewesen sein. A. Di Vita möchte in ihnen die einstigen Kultstatuen des Shadrapa und Milkaschtart sehen, die zu den Tempeln am Alten Forum gehört hätten.

[36] Bildnisse aus dem Theater (Lepcis Magna, Museum Nr. 550. 551. 547): Caputo – Traversari 1976, 82–84 Nr. 61. 62. 64 Taf. 59–61; s. unten S. 15 mit Anm. 151–153.

[37] Di Vita 1968 (einschließlich der Skulpturenfunde aus Lepcis Magna).

[38] Di Vita 1976.

[39] A. Di Vita hat mehrfach von einem „stile punico-ellenistico" gesprochen. Tatsächlich handelt es sich nicht um einen eigenständigen Stil, vielmehr um eine handwerklich einfache Umsetzung hellenistischer Formen bei Statuen eigener Ikonographie.

[40] von Hesberg 1980, 75; dazu aber Mahler 2006, 22 mit Anm. 116.

[41] Mahler 2006, 16. 30–31. 37–41. 151 Nr. 41 KK Taf. 12; Kreikenbom – Mahler 2010, 38–39 Abb. 7. Vgl. Di Vita – Livadiotti 2005, 139 Abb. 1. 136 (N. Masturzo).

[42] Traversari 1996.

[43] Zur Diskussion über den Umfang des alexandrinisch-hellenistischen Einflusses s. Di Vita 1983, 358 Anm. 5. A. Di Vita selber hat sich stark für eine unter Alexandrias Eindruck stehende Produktion eingesetzt.

[44] Alexandropoulos 1998, 37; Kurz 2001, 67–68.

[45] Kurz 2001, 27–31 Nr. 26–36 Taf. 1. Zur Ikonographie Vanni 1990, 46–55.

[46] In Oea z. B. neben lokalen Imitationen stark vertreten: Pinna Caboni – Shebani 2010, 70.

[47] De Miro 1977.

[48] Das gilt darüber hinaus für die urbane Struktur insgesamt: Kleinwächter 2001, 217. Vorkaiserzeitliche architektonische Reste sind bisher allein im Umfeld des Forumsplatzes verifiziert worden: Kleinwächter 2001, 213. 225 (mit Lit.); Masturzo 2003; De Miro – Polito 2005; Musso 2008, 166. Vgl. den Plan bei Di Vita – Livadiotti 2005, Taf. 1. Zur Situation unter der frühbyzantinischen

Basilica auf der Westseite des Forums s. demnächst K.-U. Mahler.

[49] Kreikenbom 2004, 273.

[50] Vgl. Mattingly 1995, 118.

[51] Bianchi Bandinelli – Caputo – Vergara Caffarelli 1966; Floriani Squarciapino 1966, 11–15 und passim; Di Vita – Di Vita-Evrard – Bacchielli 1999, 44–87 (G. Di Vita-Evrard).

[52] Vgl. Kreikenbom 2004, 279–281; Pentricci 2010, 119–120. Die von Walda 1998 angekündigte Publikation der Wohnhausgrabung ist noch nicht erfolgt.

[53] MacMullen 2000, 40.

[54] Zum Bau grundlegend Degrassi 1951; De Ruyt 1983, bes. 97–106. Zusammenfassend Bullo 2002, 170–173.

[55] Aus iulisch-claudischer Zeit liefert das 54 n. Chr. geweihte Macellum von Thugga den einzigen weiteren nordafrikanischen Beleg für den Gebäudetypus: De Ruyt 1983, 259–260.

[56] Antike Restaurierungen und Veränderungen: Degrassi 1951, 42–65 passim; Di Vita 1990, 437–440. 448; Mahler 2006, 16; Pentricci 2010, 102. 105. 120–124; Tantillo 2010, 179. Speziell zur severischen Phase: Mahler 2005, 15. K.-U. Mahler publiziert demnächst eine Untersuchung speziell zur severischen Bauornamentik des Macellums.

[57] De Ruyt 1983, 296.

[58] IRT 319; Thomasson 1996, 22 Nr. 7. Zur Inschrift zuletzt Musso 2010, 123.

[59] IPT 21.

[60] In IRT 319 a: Titulatur des Augustus im Nominativ statt im datierenden Ablativ. – In IRT 319 c: richtiger Genitiv IMILCHONIS verändert in den Nominativ HIMILCHO. Vgl. Horster 2001, 419 zu Nr. XXXIV 3,1.

[61] Nach Di Vita 1982, 571 war der Flaminat die Voraussetzung, um Sufet zu werden, was im Text die Voranstellung des Priesteramts erklärt. Es ist aber bezeichnend, daß in IPT 319 c der Flaminat des Stifters erst nach seinem Namen erscheint, während die *flamines Augusti Caesaris* vor den Sufeten genannt werden und somit unmittelbar an den *patronus* – den Statthalter – anschließen.

[62] Kreikenbom 2004, 287–288. Diese Gegensetzung der zwei Bereiche kam noch sinnfälliger zum Ausdruck, wenn es zutrifft, daß in der neopunischen Fassung die Nennung des Proconsuln nicht verloren ist, sondern von vornherein weggelassen wurde, vgl. Horster 2001, 419.

[63] Vgl. Smadja 1978, 18.

[64] Zum Bauwerk Caputo 1987. Zu Rezensionen dieser Monographie s. Mahler 2006, 23 Anm. 121.

[65] Im heutigen Zustand bildet die modern wieder errichtete *scaenae frons* die stärkste antike Veränderung. Wahrscheinlich wurden nicht nur die Säulen, sondern das gesamte Bühnenhaus im 2. Jh. n. Chr. erneuert: Sear 1990, 380. Zu den Veränderungen des Theaters bis zu denspätantiken Einbauten s. Pentricci 2010, 116–119. Späte Inschriften vom Theater: Tantillo 2010, 180.

[66] Einen gravierenden Einschnitt in den räumlichen Zusammenhang bedeutete die 92 n. Chr. eingezogene Brüstung (IRT 347) samt einiger vorgelagerter flacher Stufen für die Aufnahme von Ehrensitzen bzw. Amtsstühlen.

[67] Caputo 1987, 62.

[68] IRT 269; Thomasson 1996, 32 Nr. 25 c; s. unten. Die erhaltenen Säulen des Tempels, die die ursprünglichen ersetzen, werden zusammen mit weiteren Maßnahmen im Theater erst der severischen Zeit zugerechnet: Mahler 2005, 15.

[69] IRT 273; Boschung 2002, 23 (mit Lit.). Antonia Minor als Teilhaberin am Kult von Cenerini 2008, 2236–2242 vorgeschlagen.

[70] IRT 321. 322.

[71] IRT 323.

[72] Ausführlich Kreikenbom 2004, 290–294.

[73] Schippa 1981/82; Bullo 2002, 177; Boschung 2002, 21–22; Torelli 2003, 226–231. 237.

[74] z. B. Floriani Squarciapino 1966, 69: Handelshaus; Di Vita – Di Vita-Evrard – Bacchielli 1999, 70: kaufmännische Nutzung; Braconi 2005: Sklavenmarkt.

[75] Nachträgliche Veränderungen: Schippa 1981/82, 221–249; Pentricci 2010, 112–115.

[76] Laut Arnolds 2005, 138–139 bildeten der Hof und die Tabernae nicht, wie bisher stets angenommen, einen zusammenhängenden Komplex. Tatsächlich wurde die Mauer parallel zur Rückwand der Tabernae später eingefügt; diese Maßnahme dürfte aber erst mit dem Einbau der Zisterne erfolgt sein und liefert keinen Hinweis auf den ursprünglichen Zustand (für den Hinweis danke ich Karl-Uwe Mahler). Entsprechend darf unverändert von gleichzeitiger Entstehung beider Funktionsbereiche ausgegangen werden.

[77] IRT 324 a.

[78] IRT 325. Zur Frage der möglichen Kultgemeinschaft im Sacellum s. unten Anm. 166.

[79] Im mittleren Teil (IRT 324 a) ist die Inschrift in eine dominante obere und eine kleinere zweite Zeile gegliedert.

[80] Für eine Plazierung der Inschrift innerhalb der Porticus: Schippa 1981/82, 230.

[81] IRT 324 b. c. Aufgrund der Formel *f(aciendum) c(uravit)* ist anzunehmen, daß der Stifter ein städtisches Amt innehatte: Arnolds 2005, 141.

[82] IRT 324 a.

[83] Boschung 2002, 21. Arnolds 2005, 142 schlägt die Seitenstraßen vor.

[84] Arnolds 2005, 142 bezieht die *porta* auf das Eingangsportal des Sacellums. Im Kontext der Inschrift ist aber von einem eigenständigen Baukörper auszugehen. Torelli 2003, 231 hat an ein der Porta Salutaris ähnliches Denkmal gedacht.

[85] Arnolds 2005, 142.

[86] Braconi 2005, 217–218; Fentress 2005, 222. Vgl. Torelli 2003, 230–231.

[87] Kaiserkultraum: Arnolds 2005, 141–142; s. dagegen die generellen Funktionen von Chalcidicen: Torelli 2003; Fentress 2005, bes. 221–225.

[88] Di Vita 1982, 553. 555; A. Di Vita in: Ward Perkins 1982, 46–49; Di Vita 1994; Di Vita 1996; Di Vita – Di Vita-Evrard – Bacchielli 1999, 50–54 (A. Di Vita-Evrard).

[89] Allerdings hat Ward-Perkins 1982 die vorkaiserzeitliche Stadt nur östlich des Forums erkennen wollen.

[90] So mit geringen Unterschieden Ward-Perkins 1982; Mattingly 1995, 118; Musso 2008, 166–167; Musso 2010, 119–120.

[91] Kreikenbom 2004, 273–274.

[92] Caput viae der Straße *in mediterraneum*: IRT 930; Tiberiusbögen: IRT 330. 331.

[93] IRT 531. Thomasson 1996, 104 Nr. 7 hat auch einen späteren Ansatz erwogen. Zu den Kapitellen des Monuments s. Mahler 2006, 24. 30–31. 37. 40. 101. 150 Kat. 31 KK. 32 KK Taf. 9.

[94] IRT 308. Dediziert von C. Vibius Marsus, Proconsul im dritten Amtsjahr, woraus eine Datierung frühestens 28/29 n. Chr., mit großer Wahrscheinlichkeit aber erst 29/30 n. Chr. resultiert: Thomasson 1996, 31 Nr. 24, dort auch zu weiteren Zeugnissen des Proconsuls aus der Provinz. Nach Torelli 2003, 227–228 wurde die Porta anläßlich des Sieges über Tacfarinas errichtet. Mit Augusta Salutaris war wahrscheinlich Livia gemeint: Cenerini 2008, 2234.

[95] Vgl. den Plan bei Di Vita – Livadiotti 2005, Taf. 1, mit den „neopunischen" Strukturen im Osten des Platzes. Anders noch Bullo 2002, 167 und Kreikenbom 2004, 281. 283, der die östliche Flanke des Platzes für eine nachträgliche Erweiterung gehalten hat. N. Masturzo in: Di Vita – Livadiotti 2005, 61–63 hat dargelegt, daß es sich im Prinzip um einen streng rechteckigen und nach einheitlichem Grundmaß organisierten Platz handelt, aus dessen Systematik die Ostseite wegen des Zusammenhangs mit dem „antico nucleo fenicio-punico" ausbricht. Zu den älteren Strukturen s. Masturzo 2003, 707–733.

[96] Zusammenfassung der Geschichte des Forums bis in frühbyzantinische Zeit bei Pentricci 2010, 128–143. Zu späten Inschriften vom Forum s. Tantillo 2010, 178–179.

[97] Di Vita – Livadiotti 2005.

[98] IRT 520; Di Vita-Evrard 1990; Di Vita – Livadiotti 2005, 318–319 Abb. 3.2 (M. Ricciardi); Musso 2008, 171. Die von G. Di Vita-Evrard vorgenommene Fixierung des Datums auf 4–5 n. Chr. wird von M. Ricciardi und L. Musso übernommen. Daß sich der genaue Zeitpunkt aber nicht ermitteln läßt, hat Kleinwächter 2001, 227–228 mit Anm. 1490 deutlich gemacht. – Die wiederverwendeten Fragmente IRT 625, die bisweilen mit IRT 520 kombiniert und als Widmungsinschrift des ‚Hercules'-Tempels gedeutet worden sind (Di Vita-Evrard 1990, 318; Di Vita – Livadiotti 2005, 367–370 Abb. 3.55 [M. Ricciardi]), bleiben hier unberücksichtigt. Ihre Fundstelle in der Nähe des Macellums verweist zumindest nicht auf das Forum, außerdem ist es nicht einmal sicher, daß die Fragmente schon ursprünglich zusammengehörten. Sollte dies aber der Fall gewesen sein, träte hier der Statthalter Calpurnius als Stifter *ex pecunia publica* in Erscheinung, was gleichermaßen gegen einen Bezug auf den Tempel spräche, s. unten. Vgl. Kleinwächter 2001, 228 Anm. 1488.

[99] IPT 22; Brouquier-Reddé 1992, 87–88; Boschung 2002, 14 (mit weiterer Lit.).

[100] Boschung 2002, 8–9. 14–18 Taf. 2–7.

[101] Di Vita – Livadiotti 2005, 230–231 (G. Rocco).

[102] Trillmich 1988, 54–55; Kleinwächter 2001, 230.

[103] Di Vita – Livadiotti 2005, 258–264 (M. Livadiotti).

[104] Di Vita – Livadiotti 2005, 200–202 Abb. 2.30a–2.32b (M. Livadiotti); 231–235 Abb. 2.63a–b. 2.64a–b (Statuenaufstellung) (G. Rocco); 214 Abb. 2.47. 2.48 (Inschriftrahmung) (G. Rocco).

[105] Di Vita – Livadiotti 2005, 23425–235 (G. Rocco). Eventuell gab es aber eine Unterbrechung der Bauarbeiten: Musso 2010, 126–128.

[106] Nach Di Vita – Livadiotti 2005, 380 (M. Ricciardi) wäre der östliche Bau – der ‚Hercules'-Tempel – zeitgleich mit dem Roma-Augustus-Tempel konzipiert worden, was nicht zu überzeugen vermag. Vgl. Musso 2008, 171 Anm. 73.

[107] Tac. ann. 3, 12, 1. Dazu Thomasson 1996, 24 Nr. 11.

[108] Zur Problematik der Zuordnung s. Musso 2008, 171.

[109] Vgl. Kleinwächter 2001, 241.

[110] Die einstige Breite läßt sich lediglich als Minimalwert bestimmen, indem man von einer Ergänzung mit nur einem Verbum wie *fecit* ausgeht; gegebenenfalls könnte die Inschrift noch länger gewesen sein, z. B durch Angabe von *sternendum curavit*, vgl. CIL 11, 1946; AE 1959, 276; AE 1995, 392. – Die Höhe der Buchstaben beträgt 26–30 cm.

[111] So in Segobriga mit einer Breite von etwa 16 m bei einer Buchstabenhöhe von 32 cm: Trunk 2008, 136.

[112] Zwar fehlen sicher zuweisbare Teile des Gebälks, doch läßt sich dessen Höhe ungefähr einschätzen: Di Vita – Livadiotti 2005, 367. 375 (M. Ricciardi). Für möglich erachtet worden ist die Zugehörigkeit des 48 cm hohen (einen) Blocks IRT 625, was vom Maß her möglich wäre, trotzdem kaum in Betracht kommt, s. oben Anm. 97. Gute Vergleichswerte bietet der Roma-Augustus-Tempel mit jeweils 51 cm hohem Architrav und Fries: Di Vita – Livadiotti 2005, 281 Nr. A 1. A 2. Beim ‚Hercules'-Tempel darf man entsprechend seinen geringeren Dimensionen ein etwas niedrigeres Gebälk erwarten, so daß die Blöcke IRT 520 (H 46 cm) sich problemlos einfügen würden.

[113] Zur Selbstrepräsentation Roms in Lepcis generell s. unten Kap. V.

[114] Mahler 2006, 56–58; Kreikenbom – Mahler 2010, 37–38.

[115] Vorsichtig in der Zuweisung jetzt Di Vita – Livadiotti 2005, 311 (M. Ricciardi), so schon Floriani Squarciapino 1966, 81.

[116] Diskussion bei Di Vita – Livadiotti 2005, 129–131 (N. Masturzo) mit bevorzugter Interpretation als Capitolium. Ausführliche Begründung für die Identifikation: Musso 2008, 181–191; Musso 2010, 128.

[117] Ich danke Karl-Uwe Mahler für Hinweise zur sehr kompliziert zu lesenden, besonders durch die byzantinische Stadtmauer gestörten Situation.

[118] Wichtigster Beleg ist das allerdings nicht datierte Inschriftfragment IRT 290. Dazu Barton 1982, 291–292. Für die Frage, ab wann es den Kult der kapitolinischen Götter in Lepcis gab, könnte unter Umständen eine unpublizierte Inschrift mit angeblicher Nennung eines Priesters für Iuppiter und Iuno relevant sein: erwähnt von Musso 2010, 129.

[119] Zum grundsätzlichen Phänomen s. Kleinwächter 2001, 246–247.

[120] Unter Umständen wäre, abweichend von der Regel, auch an eine andere herausgehobene Stelle zu denken, nur fragt sich, wo sie in Lepcis zu suchen wäre. Man dürfte doch ein Gebäude mit beträchtlichen Dimensionen und vorgelegtem Platz wie beispielsweise in Thamugadi / Timgad erwarten, wofür sich im Lepcitaner Stadtplan kaum eine Stätte anbietet. Auf das Forum als Ort des Capitoliums verweist auch der Fundplatz der Votivinschrift IRT 290.

[121] Barton 1982, 291–292 hat das Capitolium als Vorgänger der frühbyzantinischen Basilica auf der Westseite lokali-

siert. Die Möglichkeit scheidet m. E. aus den hier vertretenen Gründen aus.

[122] Die Bemerkungen zur Identifizierung sind als vorläufige gemeint. Der Verfasser beabsichtigt, der Problematik von Capitolia in peregrinen Städten umfassender nachzugehen.

[123] Kleinwächter 2001, 10 Anm. 54; 233.

[124] IRT 289. Der gemeinsame Kult stand in punischer Tradition, wie eine Weihung an Schadrapa und Milkaschtart als Herren der Stadt beweist: IPT 31; Musso 2008, 172–173. – Es ist die Meinung geäußert worden, Schadrapa und Milkaschtart hätten nicht in phönizischer Tradition gestanden, sondern seien an Alexandria orientierte, semitische' Adaptationen von Dionysos/Sarapis und Herakles gewesen: Lipiński 1993; Musso 2008, 163; Musso 2010, 117. Bei dieser ansprechenden Möglichkeit entsteht allerdings das Problem, dass sie ältere, am Ort verehrte punische Gottheiten verdrängt bzw. ersetzt haben müssten.

[125] Gell. 16, 13, 8–9.

[126] Ein punischer Ursprung scheidet m. E. aus; Lit. zur betreffenden Diskussion bei Mahler 2005, 6 Anm. 3.

[127] Macellum in Carthago: Tert. apol. 42,2.

[128] De Ruyt 1983, 110–114.

[129] Kreikenbom 2004, 287. Ausgehend von den polygonalen Peristasen der Tholoi schlägt K.-U. Mahler in einem demnächst erscheinenden Aufsatz eine andere, typologisch begründete Bezugnahme vor.

[130] Sear 1990, 376.

[131] Kreikenbom 2004, 288. Das Theater in Carthago entstand wohl im mittleren 2. Jh. n. Chr.: Lit. bei Kleinwächter 2001, 42 Anm. 245; Bullo 2002, 79–80 Anm. 144–152. Die gewöhnliche Datierung des *theatrum tectum* am selben Ort erst in das 3. Jh. beruhe allerdings auf der Identifizierung mit einer wenig präzisen Überlieferung durch Tertullian: Gros 1990, 567–568. – Für eine Sonderstellung des Lepcitaner Theaters in der Provinz Africa jetzt auch Musso 2010, 115.

[132] Fuchs 1987, 152.

[133] Trunk 2008, 132 Abb. 9; ebenda 131 Abb. 8 auch Türsturz aus dem Theater von Emerita mit Agrippa-Inschrift.

[134] Caputo 1987, 143; Kreikenbom 2004, 289.

[135] Vgl. Bullo 2002, 232–233.

[136] MacMullen 2000, 43.

[137] Floriani Squarciapino 1966, 82; Bullo 2002, 175; Di Vita – Livadiotti 2005, 199–200 (M. Livadiotti) und andere.

[138] Schäfer 1993; Zachos – Pavlidis 2010, 144–146 Taf. 65–67.

[139] Murray – Petsas 1989, 62–77.

[140] Friesfragment mit Schiffsschnabel und Schild: Di Vita 1990, 432 Abb. 7; Masturzo 2003, 746–747 Abb. 15.

[141] Trillmich 1988, 52–53. 55–56. Vgl. Kleinwächter 2001, 230; Schollmeyer 2001, 161–162. 208 D 10; Di Vita – Livadiotti 2005, 231 (G. Rocco); Musso 2008, 168. 170; Musso 2010, 126. Gegenüber dem Rekurs auf den Senatsbeschluß bzw. das stadtrömische Monument skeptisch Kleinwächter 2001, 247 Anm. 1639, die aber zu sehr auf formale Unterschiede abhebt. Der ideelle Bezug wurde ja durch ein teilweise abweichendes Erscheinungsbild nicht außer Kraft gesetzt.

[142] In einigen spanischen Städten waren es Zitate des Augustusforums: Lit. bei Trunk 2008, 129 Anm. 36.

[143] „curia et continens ei chalcidicum [...] feci".

[144] Altar für das Numen Augusti, von Tiberius geweiht. Entschieden für den Zusammenhang: Birley 1988 a, 12. Boschung 2002, 21–22 verweist auf die Verbreitung des Kults. Mit Recht verweist L. Musso aber darauf, daß mit Lepcis der Kult das erste Mal in Africa und das erste Mal in einer peregrinen Stadt bezeugt ist: Musso 2008, 164; Musso 2010, 123.

[145] Zu Livia als *mater patriae* s. Anm. 179. Statuen der vergöttlichten Livia in Rom und Lepcis: Boschung 2002, 23.

[146] Kreikenbom 2007, 357–367.

[147] MacMullen 2000, 45; Boschung 2002, 22.

[148] Arnolds 2005, 139.

[149] Liverani 1994.

[150] IRT 319; s. oben.

[151] Birley 1988, 4–5. Anders Torelli 1973, 402–404.

[152] Mus.-Nr. 550. Caputo – Traversari 1976, 82 Nr. 61 Taf. 59. – Der insgesamt unbefriedigende Zustand des Kopfs beruht auch darauf, daß die Umarbeitung nicht zum Abschluß gebracht wurde. Wegen unzureichender Publikation können die signifikanten Teile bis auf die Partie hinter dem rechten Ohr hier nicht in Abbildung dokumentiert werden.

[153] Mus.-Nr. 551. Caputo – Traversari 1976, 82–83 Nr. 62 Taf. 60. Die nach außen ansteigenden Brauenbögen sind für mehrere Mitglieder der iulisch-claudschen Familie, insbesondere Tiberius, Germanicus und Caligula charakteristisch.

[154] Mus.-Nr. 547. Caputo – Traversari 1976, 84 Nr. 64 Taf. 61.

[155] Zweiter Togatus vom Chalcidicum: Goette 1990, 125 Ba 255 Taf. 11,1; Kreikenbom 2007, 358–359 Abb. 2. 4 a. b.

[156] Caputo – Traversari 1976, 104 Nr. 83–86. 88 Taf. 91–92; Goette 1990, 120 Ba 141; 124 Ba 240–243. Allgemein stammen aus römischen Theatern auffallend viele Togastatuen, in denen anscheinend öfter Privatpersonen dargestellt waren: Fuchs 1987, 181. Auch Galerien von Togastatuen waren in frühkaiserzeitlichen Theatern nicht ungewöhnlich, s. z. B. die fünf Togati in Emerita Augusta, bei denen es sich aber um Ehrungen für Augustus und iulisch-claudische Prinzen handelte: Trunk 2008, 129–130 Abb. 7 mit Lit.

[157] Mehrfach ist postuliert worden, daß im Verlauf des 1. Jhs. n. Chr. bzw. unter Claudius vermehrt das Bürgerrecht an Lepcitaner verliehen wurde; vgl. Birley 1988, 5; Savino 1999, 108. Die Zahl scheint aber doch noch sehr begrenzt gewesen zu sein, bedenkt man, daß z. B. die vier Männer, die im Zusammenhang mit der Forumspflasterung 53/54 n. Chr. genannt sind (IRT 338. 615), Caius Anno Annonis f., Anno Macer C. Annonis f., Gaius Annonis f. Phelyssam und Balitho Commodus hießen.

[158] Birley 1998, 4. 6–19 passim.

[159] Kreikenbom 2008, 197–200; s. oben S. 3 mit Anm. 20.

[160] z. B. Münzen von Segobriga: Trunk 2008, 133.

[161] Fuchs 1987, 178. Abgesehen von der Kultstatue der Livia von 35/36 n. Chr. aber keine weiteren Ehrungen für Angehörige der iulisch-claudischen Familie im Theater nachweisbar. Eventuell nur Caligula, s. oben.

[162] IRT 321–323; s. oben. Obwohl Augustus in diesen Inschriften nicht im ehrenden Dativ, sondern im datierenden Ablativ genannt ist, steht der Aspekt der Huldigung außer Frage.

[163] IRT 320. Unterhalb der Bühne gefunden, darf die einstige Statue zur ursprünglichen Ausstattung des Theaters gerechnet werden, zumal Anzeichen für eine Zweitverwendung des Sockels und eine in diesem Zusammenhang erklärliche Versetzung fehlen.

[164] Romanelli 1958; Birley 1988 a, 12. 220–221.

[165] Es ist vorstellbar, daß die Fulvii die Statue in gezielter Konkurrenz zu anderen potentiellen Auftraggebern, speziell dem Bauherrn, setzten.

[166] Eventuell wurde Augustus im Chalcidicum zusammen mit Venus verehrt: Floriani Squarciapino 1966, 70; Di Vita 1982, 559 Anm. 102; Boschung 2002, 21; Braconi 2005, 217. Begründet wird dies mit einer Weihung an ‚Venus Calchidica' (IRT 316), die aber erst unter Antoninus Pius erfolgte.

[167] Boschung 2002, 11 Nr. 1.23; 22; Kreikenbom 2008, 200–202 Abb. 13.

[168] Sockel einer 3/2 v. Chr. datierten Statue: IRT 328.

[169] Musso 2008, 173–174 Abb. 5 mit Hinweis auf die zutreffende Fundstelle: Di Vita – Livadiotti 2005, 179 (M. Livadiotti – G. Rocco). Über der Stirn befinden sich Reste von sieben metallenen Stifte. Die extrem beschädigte Oberfläche erlaubt kein Urteil, ob hier abgebrochene Partien wieder angesetzt gewesen waren oder ob neue nachträglich auf dann notwendig geglätteter Fläche angefügt wurden. Eine Ergänzung mit einem Kranz scheidet aus, da dieser die Stirnhaare überlagert hätte. Von der Position der Stifte her kommen vielmehr allein Stirnlokken in Betracht. – Der Oberkopf weist eine schräge Stükkungsfläche auf, die zur rechten Seite hin ansteigt, am Rand aber rechtwinklig gegen einen erhobenen Randstreifen der Haarkalotte stößt.

[170] IRT 329. 336; Boschung 2002, 11 Nr. 1.25. 1.26; 21.

[171] s. oben S. 11 mit Anm. 101. Boschung 2002, 8–9. 11–18 (mit älterer Literatur); Di Vita – Livadiotti 2005, 231–235 (G. Rocco); Musso 2008, 174–179.

[172] s. oben S. 14 mit Anm. 140. Zur Inszenierung gehörte, daß die Kultbilder wohl nur zu besonderen Anlässen bei geöffneten Türen zu sehen waren: Boschung 2002, 18. Die Seltenheit des Anblicks steigerte noch deren Wert.

[173] Vor dem Tempel gefundene Sitzstatuen: Boschung 2002, 9–10 Nr. 1.11 – 1.13. Kombination mit den Stelen, die sich auf das Pflasterung des Forums beziehen, ohne jeden Anhaltspunkt: zutreffend Musso 2008, 180–181.

[174] IRT 326. 327. 333. 337. 340; Boschung 2002, 10 Nr. 1.16–1.20. Der Gruppe ist wohl auch der Unterkörper einer Sitzstatue im Depot der Antikenverwaltung in Lepcis zuzuweisen: Musso 2008, 179–180 Abb. 10.

[175] Boschung 2002, 20–21. Zur Aufteilung der Statuenreihen s. auch Alexandridis 2004, 132 Anm. 2 zu Kat.-Nr. 38.

[176] IRT 319.

[177] Birley 1988 a, 9.

[178] Städtische Kulte in Gallien, Illyricum und Nordprovinzen: Witschel 2008, bes. 46–47; zu Tarraco – städtischer oder provinzialer Kult? – s. Trunk 2008, 123–124.

[179] Tac. ann. 1, 87; Trunk 2008, 123.

[180] Bezüglich Nordafrika jetzt auch Cenerini 2008.

[181] Hahn 1994, 70 Anm. 40; 72–73 Anm. 42; 79 Anm. 101. Laut Alexandridis 2004, 109. 111–112 sei die Bezeichnung *mater patriae* vom römischen Familienverständnis abzuleiten und habe die Frau an der Seite ihres Mannes gekennzeichnet. Zu bedenken ist aber, daß Livia den Titel erst nach dem Tod ihres Mannes erhalten sollte, womit ihre eigenständige Rolle als Augusta weiter unterstrichen worden wäre.

[182] Boschung 2002, 10–11 Nr. 1.22; 22–23 Taf. 11, 1; Alexandridis 2004, 3 Anm. 24; 37. 62–63. 82 Anm. 788.; 90. 130–131 Kat.-Nr. 37 Taf. 9, 4. Vgl. im folgenden Kreikenbom 2004, 298–300.

[183] Obwohl die typologische Einordnung des Kopfes Probleme bereitet, sichert die Wollbinde den Bildnischarakter. Musso 2010, 124 hält die Statue für ein ideales Bildwerk und verweist auf eine gemalte Darstellung der Ceres mit entsprechender Wollbinde. Dem ist die erdrückende Zahl von Frauendarstellungen mit dem symbolhaltigen Kopfschmuck als Regelfall entgegenzuhalten. Offenkundig indiziert die Wollbinde die ‚pietas' der Dargestellten: Alexandridis 2004, 75–77. (Für die ebenda 76 geäußerte Ansicht, auch Göttinnen wären mit der Binde geschmückt worden, werden leider keine Belege erbracht.)

[184] Hadrumetum, Utica, Carthago und Thapsus: MacMullen 2000, 40.

[185] Hahn 1994, 77–78 Anm. 91. Vgl. die Tabelle bei Alexandridis 2004, 290.

[186] Vanni 1990, 65–95.

[187] Zum weiblichen Euergetismus in Nordafrika s. Cenerini 2008, 2233–2235 (mit Lit.).

[188] IRT 930. Laut Mattingly 1995, 140–141 waren auch wirtschaftliche Gesichtspunkte relevant.

[189] IRT 330. 331; Haensch 1997, 86; vgl. oben S. 10 mit Anm. 92.

[190] IRT 332. Entsprechend könnte die zweite Zeile gelesen werden: [·· ? ··] proco(n)s(ul) [·· ? ··] patronus fac[iend ·· ? ··]. Von Haensch 1997, 430 nur als Dedikation verzeichnet.

[191] Bartoccini 1958; AE 1961, 107; Haensch 1997, 87. 427 B II 1. Nach Savino 1999, 107 hätten die Lepcitaner den Feldherrn mit der Weihung geehrt; der Text weist aber eindeutig Dolabella als Stifter aus.

[192] AE 1961, 108; Haensch 1997, 427 Anm. 68; 434 B III 4b.

[193] Am Macellum: IRT 319b.

[194] s. die tiberische Inschrift vom Macellum.

[195] Erst ab der Zeit, als Lepcis bereits eine *colonia* war, verzeichnen einige Inschriften kaiserliche Stiftungen: Eine gegenständlich nicht näher bestimmbare bauliche Maßnahme im Theater wurde entweder Hadrian oder Antoninus Pius verdankt. In großem Umfang traten sodann Septimius Severus und Caracalla auf den Plan: IRT 364. 427. 428; Horster 2001, 419–422 Nr. XXXIV 3,2. XXXIV 3,3.

[196] Vgl. die Liste bei Haensch 1997, 430.

[197] s. oben zum Podium im Theater (IRT 521) und zum östlichen Tempel auf dem Forum (IRT 520).

[198] Delegierung an Legaten: Haensch 1997, 86. 93–94.

[199] Haensch 1997, 87.

[200] Di Vita 1982, passim; Savino 1999, 150. Vgl. dagegen Musso 2008, 162–163.

[201] Mattingly 1995, 161.

[202] Trunk 2008, 122.

[203] Zum Begriff s. Torelli 1973.

[204] Mahler 2006, 44–45. 61–62.

[205] Gefunden in der Nähe des Circus und des Amphitheaters. IPT 18; Brouquier-Reddé 1992, 196; Kreikenbom 2004, 268–269; Musso 2010, 117 Abb. 3.

206 Signifikant sind die Beispiele vom Theater: IRT 321–323; IPT 241; s. oben.

207 Apul. apol. 98; bes. 98,8: „Loquitur nunquam nisi Punice et si quid adhuc a matre graecissat; enim Latine loqui neque vult neque potest."

208 Vgl. Mahler 2006, 12: „selbstbewußtes Bekenntnis der Stifter zu ihrer lokalen Identität".

209 Kreikenbom 2008, 200.

210 s. oben S. 17.

211 IRT 338; IPT 26; Floriani Squarciapino 1966, 14. 81; Di Vita – Livadiotti 2005, 177 Abb. 2,10; 241–242 Abb. 2. 66a–c.

212 Vgl. IRT 318 und 347 im Verhältnis zur neopunischen Fassung. Caputo 1987, 67 Taf. 49–54; Thomasson 1996, 48–49 Nr. 55. Das domitianische Zeugnis IRT 347 bzw. IPT 27 ist das späteste datierte Beispiel für Zweisprachigkeit im offiziellen Rahmen, so auch Musso 2010, 115.

213 Zelazowski 2001, 90–92.

214 Mattingly 1995, 119: „traditional Punic phrases continued in Latinized form". Diskussion um Herkunft und Bedeutung der Begriffe zusammengefaßt bei Zelazowski 2001, 91–92 mit Anm. 245–247.

215 IRT 269. 321–323; s. oben.

216 MacMullen 2000, 40: „When an image or ritual or site of cult of some older deity is given the name of another more recent, or at least more recently imported, what image occupied the worshipper's mind? Was he thinking of the old god or the new? Was he thinking like a Roman?" Lit. in: Bénabou 1976, 373; Mattingly 1995, 38f. 166.

217 Kreikenbom 2004, 268; Musso 2008, 163. – Zur angeblichen ptolemäisch-hellenistischen Herkunft von Schadrapa und Milkaschtart s. oben Anm. 124.

218 Mehrfach ist aber betont worden, daß Liber Pater und Hercules noch unter Septimius Severus die Schutzgottheiten der Stadt waren, vgl. Birley 1988a, 5. Es ist jedoch zu überlegen, ob sie in dieser Phase nicht eher im Sinne einer Erinnerungskultur wieder aufgewertet wurden, wie man zu dieser Zeit auch der phönizischen Gründung gedachte, dazu Mahler 2005, 17–19. Die Mehrzahl der datierten oder datierbaren Inschriften mit Nennung der *dii patrii* oder des Hercules alleine stammt aus severischer Zeit bzw. allgemein dem 3. Jh.: IRT 289. 295. 296. 299. Dazu paßt, daß Septimius Severus nach Dio Cass. 77, 16,3 einen sehr großen Tempel für Dionysos und Herakles errichtet habe; umstritten ist, ob ein Tempel in Rom oder auf dem Lepcitaner Forum Severianum gemeint ist: Birley 1988a, 151; Mattingly 1995, 121; Di Vita – Livadiotti 2005, 20 (A. Di Vita). Eine Erwähnung des Hercules unter Commodus (IRT 286) ist wohl im Zusammenhang mit diesem Kaiser zu sehen.

219 Jouffroy 1986, 182–185; Di Vita – Livadiotti 2005, 131 (N. Masturzo).

220 Cain 2002, 123–124 mit Anm. 3 (Bibliographie).

221 Vgl. Stiftung für den Gott El: s. oben S. 19 mit Anm. 205.

222 Untermann 1995, bes. 78.

223 Die epigraphischen Quellen zu Mitgliedern der Familie von Amadasi Guzzo 1983 erfaßt.

224 IRT 319. 321–323.

225 IRT 273.

226 IRT 341.

227 IPT 22.

228 Masturzo 2003, 749–750; Di Vita – Livadiotti 2005, 128 (N. Masturzo).

229 Zum augusteischen Bestand gehörende „Porta del caduceo" in der Westmauer des Macellums: Degrassi 1951, 39–40 Abb. 12.

230 Neben den im folgenden genannten Beispielen für die Setzung offizieller Bildnisse sei auch auf die erweiterte statuarische Ausstattung des Chalcidicums unter Tiberius verwiesen, s. oben S. 16 mit Anm. 170. Allgemein stieg die Zahl von Ehrungen für das Kaiserhaus nach Augustus an: Højte 2005, 193. In Lepcis Magna entsteht dagegen ein eher ausgewogenes Bild, nimmt man allein die erhaltenen epigraphischen Zeugnisse in den Blick; erst für die severische Zeit ist ein statistisch relevanter Anstieg zu verzeichnen: Tantillo 2010, 185–187 Abb. 5, 5.

231 IRT 328. Zu den Stiftern, der Familie der Fulvii, s. oben S. 16 mit Anm. 164. 168.

Verzeichnis der abgekürzt zitierten Literatur

Alexandridis 2004
A. Alexandridis, Die Frauen des römischen Kaiserhauses (Mainz 2004)

Alexandropoulos 1998
J. Alexandropoulos – M. Fakoun, Monnaies puniques et numides du Musée de Misurata, LibyaAnt 4, 1998, 35–39

Alexandropoulos 2000
Les monnaies de l'Afrique antique. 400 av. J.-C. – 40 ap. J.-C. (Toulouse 2000)

Amadasi Guzzo 1983
M. G. Amadasi Guzzo, Una grande famiglia di Lepcis in rapporto con la ristrutturazione urbanistica della città (I sec. a. C. – I sec. d. C.), in: Architecture et société de l'archaïsme grec à la fin de la république romaine. Actes du colloque international organisé par le Centre national de la recherche scientifique et l'Ecole française de Rome. 2–4 décembre 1980 (Roma 1983) 377–385

Arnolds 2005
M. Arnolds, Funktionen republikanischer und frühkaiserzeitlicher Forumsbasiliken in Italien, Diss. Heidelberg 2005 <http://archiv.ub.uni-heidelberg.de/propylaeumdok/volltexte/2007/76/pdf/Arnolds_1.pdf>

Barrett 1997
J. C. Barrett, Romanization. A Critical Comment, in: Mattingly (Hrsg.), Dialogues in Roman Imperialism. Power, Discourse, and Discrepant Experience in the Roman Empire, JRA Supplement 23 (Portsmouth 1997) 51–64

Bartoccini 1958
R. Bartoccini, Dolabella e Tacfarinas in una iscrizione di Leptis Magna, Epigraphica 20, 1958, 3–13

Bartoccini 1958a
R. Bartoccini, Il porto romano di Leptis Magna (Roma 1958)

Barton 1982
I. M. Barton, Capitoline Temples in Italy and the Provinces (especially Africa), in : W. Haase (Hrsg.), ANRW Festschrift Joseph Vogt II 12,1 (Berlin 1982) 259–333

Bénabou 1976
M. Bénabou, La résistance africaine à la romanisation, Paris 1976

Bianchi Bandinelli – Caputo – Vergara Caffarelli 1964
R. Bianchi Bandinelli – G. Caputo – E. Vergara Caffarelli, The Buried City. Excavations at Leptis Magna, London 1966

Birley 1988
A. R. Birley, Names at Leptis Magna, LibSt 19, 1988, 1–19

Birley 1988a
A. R. Birley, The African Emperor. Septimius Severus ²(London 1988)

Boschung 2002
D. Boschung, Gens Augusta. Untersuchungen zur Aufstellung, Wirkung und Bedeutung der Statuengruppen des iulisch-claudischen Kaiserhauses (Mainz 2002)

Braconi 2005
P. Braconi, Il 'Calcidio' di Lepcis Magna era un mercato di schiavi?, JRA 18, 2005, 213–219

Brouquier-Reddé 1992
V. Brouquier-Reddé, Temples et cultes de Tripolitaine (Paris 1992)

Bullo 2002
S. Bullo, Provincia Africa. Le città e il territorio dalla caduta di Cartagine a Nerone (Roma 2002)

Cain 2002
H. U. Cain, Kaiser und Gott auf römischen Fora, in: F.-R. Erkens (Hrsg.), Die Sakralität von Herrschaft. Herrschaftslegitimierung im Wechsel der Zeiten und Räume (Berlin 2002) 123–142

Caputo 1987
G. Caputo, Il teatro augusteo di Leptis Magna. Scavo e restauro, 1937–1951 (Roma 1987)

Caputo – Traversari 1976
G. Caputo – G. Traversari, Le sculture del teatro di Leptis Magna (Roma 1976)

Cenerini 2008
F. Cenerini, Il culto di Livia Augusta tra Cirta e Leptis Magna, in: L'Africa romana. Risorse, produzioni, scambi. Atti del XVII convegno di studio, Sevilla, 14–17 dicembre 2006 (Roma 2008) 2233–2242

Clifford 1986
J. Clifford, Introduction. Partial Truths, in: J. Clifford – G. E. Marcus (Hrsg.), Writing Culture. The Poetics and Politics of Ethnography (Berkeley 1986) 1–26

Degrassi 1951
N. Degrassi, Il mercato romano di Leptis Magna, Quad ALibya 2, 1951, 27–70

De Miro 1977
E. De Miro, Leptis Magna. ccLa necropoli greco-punica sotto il teatro, QuadALibya 9, 1977, 5–75

De Miro – Polito 2005
E. De Miro – A. Polito, Dieci anni di scavi archeologici dell'area del Foro Vecchio. I livelli fenici, punici e romani, QuadALibya 19, 2005

De Ruyt 1983
C. De Ruyt, Macellum. Marché alimentaire des Romains (Louvain-la-Neuve 1983)

Di Vita 1968
A. Di Vita, Influences grecques et tradition orientale dans l'art punique de Tripolitaine, MEFRA 80, 1968, 7–84

Di Vita 1976
A. Di Vita, Il mausoleo punico-ellenistico B di Sabratha, RM 83, 1976, 273–285

Di Vita 1982
A. Di Vita, Gli emporia di Tripolitania dall'età di Massinissa a Diocleziano. Un profilo storico-istituzionale, in: H. Temporini (Hrsg.), ANRW Festschrift Joseph Vogt II 10,2 (Berlin 1982) 515–595

Di Vita 1983
A. Di Vita, Le città di Tripolitania fra Massinissa e Augusto, in: Architecture et société de l'archaïsme grec à la fin de la république romaine. Actes du colloque international organisé par le Centre national de la recherche scientifique et l'Ecole française de Rome, 2–4 décembre 1980 (Rome 1983) 355–376

Di Vita 1990
A. Di Vita, Sismi, urbanistica e cronologia assoluta. Terremoti e urbanistica nelle città di Tripolitania fra il I secolo a. C. ed il IV secolo d. C., in: L'Afrique dans l'occident romain, Ier siècle av. J.-C. – IV e siècle apr. J.-C. Actes du colloque Rome 3–5 décembre 1987 (Rome 1990) 425–494

Di Vita 1994
A. Di Vita, Leptis Magna, in: La ciutat en el món romà. La ciudad en el mundo romano. XIV Congrés Internacional d'Arqueologia Clàssica, Tarragona 5–11/9/1993, Actas 1 (Tarragona 1993) 159–163

Di Vita 1996
A. Di Vita, Leptis Magna. Die Heimatstadt des Septimius Severus in Nordafrika, AW 27, 1996, 173–190

Di Vita – Di Vita-Evrard – Bacchielli 1999
A. Di Vita – G. Di Vita-Evrard – L. Bacchielli, Das antike Libyen. Vergessene Stätten des römischen Imperiums (Köln 1999)

Di Vita-Evrard 1981
G. Di Vita-Evrard, Municipium Flavium Lepcis Magna, BAParis (1981) B, 197–210

Di Vita-Evrard 1990
G. Di Vita-Evrard, IRT 520. Le proconsulat de Cn. Calpurnius Piso et l'insertion de Lepcis Magna dans la provincia Africa, in: L'Afrique dans l'occident romain, I er siècle av. J.-C. – IV e siècle apr. J.-C. Actes du colloque Rome 3–5 décembre 1987 (Rome 1990) 315–331

Di Vita – Livadiotti 2005
A. Di Vita – M. Livadiotti (Hrsg.), I tre templi del lato nord-ovest del Foro Vecchio a Leptis Magna (Roma 2005)

Fentress 2005
E. Fentress, On the block: catastae, chalcidica and cryptae in Early Imperial Italy, JRA 18, 2005, 220–234

Floriani Squarciapino 1966
M. Floriani Squarciapino, Leptis Magna (Basel 1966)

Fuchs 1987
M. Fuchs, Untersuchungen zur Ausstattung römischer Theater in Italien und den Westprovinzen des Imperium Romanum (Mainz 1987)

Geertz 1983
Cl. Geertz, Dichte Beschreibung. Beiträge zum Verstehen kultureller Systeme (Frankfurt am Main 1983)

Goette 1990
H. G. Goette, Studien zu römischen Togadarstellungen, Mainz 1990

Gotter 2001
U. Gotter, „Akkulturation" als Methodenproblem der historischen Wissenschaften, in: S. Altekamp – M. R. Hofter – M. Krumme (Hrsg.), Posthumanistische klassische Archäologie. Historizität und Wissenschaftlichkeit von Interessen und Methoden. Kolloquium Berlin 1999 (München 2001) 255–284

Gros 1990
P. Gros, Le premier urbanisme de la Colonia Julia Carthago. Mythes et réalités d'une fondation césaro-augustéenne, in: L'Afrique dans l'occident romain, Ier siècle av. J.-C. – IVe siècle ap. J.-C., Actes du colloque organisé par l'École française de Rome sous le patronage de l'Institut national d'archéologie et d'art de Tunis (Rome, 3–5 décembre 1987), Rom 1990, 547–573

Haensch 1997
R. Haensch, Capita provinciarum. Statthaltersitze und Provinzialverwaltung in der römischen Kaiserzeit, Kölner Forschungen 7 (Mainz 1997)

Hahn 1994
U. Hahn, Die Frauen des römischen Kaiserhauses und ihre Ehrungen im griechischen Osten anhand epigraphischer und numismatischer Zeugnisse von Livia bis Sabina (Saarbrücken 1994)

von Hesberg 1980
H. von Hesberg, Konsolengeisa des Hellenismus und der frühen Kaiserzeit. RM Ergh. 24, Mainz 1980

von Hesberg 1995
H. von Hesberg, Die Bildersprache der Provinz – Konflikte und Harmonisierungen zwischen semantischen Systemen, in: H. von Hesberg (Hrsg.), Was ist eigentlich Provinz? Zur Beschreibung eines Bewußtseins (Köln 1995) 57–72

Heubner 1984
H. Heubner, Kommentar zum Agricola des Tacitus (Göttingen 1984)

Hodder 1982
I. Hodder (Hrsg.), Symbolic and Structural Archaeology, New Directions in Archaeology (Cambridge 1982)

Højte 2005
J. M. Højte, Roman Imperial Statues. From Augustus to Commodus (Aarhus 2005)

Hörning – Reuter 2006
K. H. Hörning – J. Reuter, Doing Material Culture. Praxis als Ausgangspunkt einer „realistischen" Kulturanalyse, in: A. Hepp – R. Winter (Hrsg.), Kultur – Medien – Macht. Cultural Studies und Medienanalyse [3](Wiesbaden 2006) 109–123

Horster 2001
M. Horster, Bauinschriften römischer Kaiser (Stuttgart 2001)

IPT
G. Levi della Vida – M. G. Amadasi Guzzo, Iscrizioni puniche della Tripolitania. 1927–1967 (Roma 1987)

IRT
J. M. Reynolds – J. B. Ward-Perkins, The Inscriptions of Roman Tripolitania (Rome/London 1952)

Jouffroy 1986
H. Jouffroy, La construction publique en Italie et dans l'Afrique romaine (Straßburg 1986)

Kleinwächter 2001
C. Kleinwächter, Platzanlagen nordafrikanischer Städte. Untersuchungen zum sogenannten Polyzentrismus in der Urbanistik der römischen Kaiserzeit (Mainz 2001)

Krausse 1996
D. Krausse, Internationale Romanisierungsforschung im Vergleich, ANachr 1/3, 1996, 259–262

Kreikenbom 2004
D. Kreikenbom, Wandel der Stadt Leptis Magna während der frühen Kaiserzeit. Asymmetrische Kontakte und Innovation, in: W. Bisang u. a. (Hrsg.), Kultur, Sprache, Kontakt (Würzburg 2004)

Kreikenbom 2007
D. Kreikenbom, Ein Punier in römischem Gewand. Zur Statue des Iddibal Caphada Aemilius, in: H. von Steuben – G. Lahusen – H. Kotsidu (Hrsg.), Mouseion. Beiträge zur antiken Plastik. Festschrift zu Ehren von Peter C. Bol (Möhnesee 2007) 357–367

Kreikenbom 2008
D. Kreikenbom, Augustus in Lepcis Magna, in: D. Kreikenbom – K.-U. Mahler – P. Schollmeyer – Th. M. Weber (Hrsg.), Augustus – Der Blick von außen. Die Wahrnehmung des Kaisers in den Provinzen des Reichs und in den Nachbarstaaten. Akten der internationalen Tagung an der Johannes Gutenberg-Universität Mainz vom 12. bis 14. Oktober 2006 (Wiesbaden 2008) 197–208

Kreikenbom – Mahler 2010
D. Kreikenbom – K.-U. Mahler, Archäologische Projekte der Johannes Gutenberg-Universität Mainz in Lepcis Magna, 2002–2007, LibyaAnt N. S. 5, 2010, 37–47

Kurz 2001
Cl. Kurz, Die Münzprägung der Tripolitania (ungedr. Magisterarbeit Mainz 2001)

Lipiński 1993
E. Lipiński, Les di patrii de Leptis Magna, AncSoc 24, 1993, 41–50

Liverani 1994
P. Liverani, Il ciclo di ritratti dell'edificio absidato di Bassus a Roselle: Iconografia imperiale e glorificazione familiare, RM 101, 1994, 161–173 Taf. 62–70

MacMullen 2000
R. MacMullen, Romanization in the Time of Augustus, (New Haven 2000)

Mahler 2005
K.-U. Mahler, Stadtentwicklung und Stadtplanung der severischen Zeit in Leptis Magna, in: D. Kreikenbom – K.-U. Mahler – Th. M. Weber (Hrsg.), Urbanistik und städtische Kultur in Westasien und Nordafrika unter den Severern. Beiträge zur Table Ronde in Mainz am 3. und 4. Dezember 2004 (Worms 2006) 5–27

Mahler 2006
K.-U. Mahler, Die Architekturdekoration der frühen Kaiserzeit in Lepcis Magna, LibyaAnt Suppl. 8 (Worms 2006)

Masturzo 2003
N. Masturzo, Le città della Tripolitania fra continuità ed innovazione. I fori di Leptis Magna e Sabratha, MEFRA 115, 2003, 705–753

Mattingly 1995
D. J. Mattingly, Tripolitania (London 1995)

Mommsen 1885
Th. Mommsen, Römische Geschichte 5, Die Provinzen von Caesar bis Diocletian 2(Berlin 1885)

Murray – Petsas 1989
W. M. Murray – P. M. Petsas, Octavian's Campsite Memorial for the Actian War (Philadelphia 1989)

Musso 2008
L. Musso, La romanizzazione di Leptis Magna nel primo periodo imperiale: Augusto e Roma nel 'Foro Vecchio', in: D. Kreikenbom – K.-U. Mahler – P. Schollmeyer – Th. M. Weber (Hrsg.), Augustus – Der Blick von außen. Die Wahrnehmung des Kaisers in den Provinzen des Reichs und in den Nachbarstaaten. Akten der internationalen Tagung an der Johannes Gutenberg-Universität Mainz vom 12. bis 14. Oktober 2006 (Wiesbaden 2008) 161–196

Musso 2010
L. Musso, Leptis Magna unter Augustus und Tiberius: Romanisierung und Umgestaltung einer punischen Stadt, in: R. Aßkamp – T. Esch (Hrsg.), IMPERIUM – Varus und seine Zeit, Beiträge zum internationalen Kolloquium des LWL-Römermuseums am 28. und 29. April 2008 in Münster (Münster 2010) 115–133

Pentricci 2010
M. Pentricci, L'attività edilizia a Leptis Magna tra l'età tetrarchica e il V secolo: una messa a punto, in: I Tantillo – F. Bigi (Hrsg.), Leptis Magna. Una città e le sue iscrizioni in epoca tardoromana (Cassino 2010) 96–171

Pinna Caboni – Shebani 2010
B. Pinna Caboni – R. Shebani, Tripoli, al-Saray al-Hamra: progetto italo-libico di videoarchiviazione e gestione informatizzata del patrimonio archeologico e archivistico conservato nel Castello di Tripoli, LibyaAnt N. S. 5, 2010, 70–78

Rebuffat 1986
R. Rebuffat, Un banquier à Lepcis Magna, in: L'Africa romana. Atti del III Convegno di studio, Sassari 13–15 dicembre 1985 (Sassari 1986) 179–186

Romanelli 1958
P. Romanelli, Fulvii Lepcitani, ArchCl 10, 1958, 258–261

Rothe 2005
U. Rothe, Die Anfänge der Romanisierungsforschung, in: Schörner 2005, 1–13

Savino 1999
E. Savino, Città di frontiera nell'impero romano. Forme della romanizzazione da Augusto ai Severi (Bari 1999)

Schäfer 1993
Th. Schäfer, Zur Datierung des Siegesdenkmals von Actium, AM 108, 1993, 239–248

Schippa 1981/82
F. Schippa, Il calcidico di Leptis Magna. Considerazioni preliminari, AnnPerugia 19, 1981/82, 223–249

Schörner 2005
G. Schörner (Hrsg.), Romanisierung – Romanisation. Theoretische Modelle und praktische Fallbeispiele, BAR IntSer 1427 (Oxford 2005)

Schollmeyer 2001
P. Schollmeyer, Antike Gespanndenkmäler (Hamburg 2001)

Sear 1990
F. B. Sear, The theatre at Leptis Magna and the development of Roman theatre design, JRA 3, 1990, 376–382

Smadja 1978
E. Smadja, L'inscription du culte impérial dans la cité: l'exemple de Lepcis Magna au début de l'empire, Dial HistAnc 4, 1978, 171–186

Spickermann 2001
W. Spickermann in: DNP X (2001) 1121 f. s. v. Romanisation

Tantillo 2010
I. Tantillo, I costumi epigrafici. Scritture, monumenti, pratiche, in: I. Tantillo – F. Bigi (Hrsg.), Leptis Magna. Una città e le sue iscrizioni in epoca tardoromana (Cassino 2010) 173–203

Thomasson 1996
B. E. Thomasson, Fasti Africani. Senatorische und ritterliche Amtsträger in den römischen Provinzen Nordafrikas von Augustus bis Diokletian (Stockholm 1996)

Torelli 1973
M. Torelli, Per una storia della classe dirigente di Leptis Magna, RendLinc 28 (1973) 377–409

Torelli 2003
M. Torelli, Chalcidicum. Forma e semantica di un tipo edilizio antico, Ostraka 12, 2003, 215–238

Traversari 1996
G. Traversari, Un ritratto inedito di Alessandro Magno a Leptis Magna, in: E. Acquaro (Hrsg.), Alle soglie della classicità. Studi in onore di S. Moscati 2 (Pisa u. a. O. 1996) 985–992

Trillmich 1988
W. Trillmich, Der Germanicus-Bogen in Rom und das Monument für Germanicus und Drusus in Leptis Magna. Archäologisches zur Tabula Siarensis (I 9–21), in: J. González – J. Arce (Hrsg.), Estudios sobre la Tabula Siarensis, Anejos de Archivo Espanol de Arqueología 9, 1988, 51–60

Trunk 2008
M. Trunk, Augustus aus der Sicht der Iberischen Halbinsel, in: D. Kreikenbom – K.-U. Mahler – P. Schollmeyer – Th. M. Weber (Hrsg.), Augustus – Der Blick von außen. Die Wahrnehmung des Kaisers in den Provinzen des Reichs und in den Nachbarstaaten. Akten der internationalen Tagung an der Johannes Gutenberg Universität Mainz vom 12. bis 14. Oktober 2006 (Wiesbaden 2008) 121–140

Untermann 1995
J. Untermann, Die Sprache in der Provinz, in: H. von Hesberg (Hrsg.), Was ist eigentlich Provinz? Zur Beschreibung eines Bewußtseins (Köln 1995) 73–92

Vanni 1990
F. M. Vanni, La monetazione di Leptis Magna, RItNum 92, 1990, 33–64

Walda 1998
H. Walda, Lepcis Magna Excavation Season 1997, LibSt 29, 1998, 169–171

Ward-Perkins 1982
J. B. Ward-Perkins, Town Planning in North Africa during the First two Centuries of the Empire, with Special Reference to Lepcis and Sabratha. Character and Sources, in: 150-Jahr-Feier Deutsches Archäologisches Institut Rom. RM Ergh. 25, 1982, 29–49

Witschel 2008
Ch. Witschel, Die Wahrnehmung des Augustus in Gallien, im Illyricum und in den Nordwestprovinzen, in: D. Kreikenbom – K.-U. Mahler – P. Schollmeyer – Th. M. Weber (Hrsg.), Augustus – Der Blick von außen. Die Wahrnehmung des Kaisers in den Provinzen des Reichs und in den Nachbarstaaten. Akten der internationalen Tagung an der Johannes Gutenberg-Universität Mainz vom 12. bis 14. Oktober 2006 (Wiesbaden 2008) 41–119

Wolfram 1986
S. Wolfram, Zur Theoriediskussion in der prähistorischen Archäologie Großbritanniens, BAR IntSer 206 (Oxford 1986)

Woolf 1998
G. Woolf, Becoming Roman. The Origins of Provincial Civilization (Cambridge 1998)

Woolf 2001
G. Woolf in: DNP X (2001) 1122–1127 s. v. Romanisierung

Zachos – Pavlidis 2010
K. L. Zachos – E. A. Pavlidis, Nikopolis, die Siegesstadt bei Actium. Die Forschungsergebnisse der letzten Jahre, in: H. Frielinghaus – J. Stroszeck (Hrsg.), Neue Forschungen zu griechischen Städten und Heiligtümern. Festschrift für Burckhardt Wesenberg zum 65. Geburtstag (Möhnesee 2010) 139–160

Zelazowski 2001
J. Zelazowski, Honos bigae. Le statue onorarie romane su biga (Warszawa 2001)

Abbildungs- und Tafelnachweise

Abb.	1	Di Vita – Livadiotti 2005, 233 Abb. 2.63 b
Abb.	2	Di Vita – Livadiotti 2005, 122 Abb. 1.120
Abb.	3	Di Vita – Di Vita-Evrard – Bacchielli 1999, 51
Abb.	4	Degrassi 1951, Abb. 2
Abb.	5	Umschrift nach IRT 319
Abb.	6	Caputo – Traversari 1976 Taf. A
Abb.	7	Braconi 2005, 215 Abb. 5
Abb.	8	Di Vita – Livadiotti 2005, 62 Abb. 1.22
Tafel	1, 1–2	Photos Th. M. Weber
Tafel	2, 1.3.5	Photos Th. M. Weber
	2, 2	Photo K.-U. Mahler
	2, 4	P. Pensabene, Elementi architettonici di Alessandria e di altri siti egiziani, Roma 1993, Taf. 37
Tafel	3, 1	Photo Verf.
	3, 2	D-DAI-ROM-61.1723
	3, 3	Photo Th. M. Weber
Tafel	4, 1	Photo Th. M. Weber
	4, 2 a–b	Avers: Kopf des Tiberius mit Lorbeerkranz im Perlkranz, Legende IMP CAESAR AV(G) COS und IMP C(A)ESAR AVG; Revers: Sitzbild der Livia mit Szepter und Schale im Perlkranz, neupunische Legende LPQY. Nach: A. Burnett u. a., Roman Provincial Coinage I 2 (London 1992) Nr. 849
	4, 2 c	Avers: Kopf des Augustus; Revers: Capricornus mit Globus und Füllhorn, neupunische Legende LPQY. Nach: A. Burnett u. a., Roman Provincial Coinage I 2 (London 1992) Nr. 845
	4, 2 d	Avers: Kopf des Augustus in Perlkranz. Revers: Herakleskeule und Thyrsos in Lorbeerkranz, neupunische Legende LPQY. Nach: A. Burnett u. a., Roman Provincial Coinage I 2 (London 1992) Nr. 843
	4, 3	Di Vita – Di Vita-Evrard – Bacchielli 1999, 68
Tafel	5, 1–3	Photos Verf.
Tafel	6, 1.3	Photos Th. M. Weber
	6, 2	Photo K.-U. Mahler
	6, 4	Photo Verf.
Tafel	7, 1.2.4	Photos Verf.
	7, 3	Photo Th. M. Weber
Tafel	8, 1.4.5	Caputo – Traversari 1976 Taf. 59–61 Nr. 61. 62. 64
	8, 2	R. Bianchi Bandinelli, Rom. Das Ende der Antike (München 1971) Abb. 244
	8, 3	Avers: archaistischer Kopf des Shadrapa/Liber Pater; Revers: Herakleskeule in Kranz, neupunische Legende MPQD LPQY (Kurz 2001 Taf. 1,27–28)
Tafel	9, 1	Photo Verf.
	9, 2	Boschung 2002 Taf. 11,2
	9, 3.4	Bianchi Bandinelli – Caputo – Vergara Caffarelli 1964, 209–210
	9, 5	Photo Th. M. Weber
	9, 6	Musso 2008, 173 Abb. 5
	9, 7 a.b	Traversari 1996, 987 Abb. 1.991 Abb. 4
Tafel	10, 1–4	Photos Th. M. Weber
Tafel	11, 1	D-DAI-ROM-61.1769
	11, 2	D-DAI-ROM-61.1770
Tafel	12, 1	Photo Th. M. Weber
	12, 2	D-DAI-ROM-58.156

1 Theater von Westen

2 Theater. Auf der Cavea Säulen vom Tempel der Ceres Augusta

1 Macellum. Westmauer, „Porta di Caduceo“

2 Korinthisches Kapitell. Lepcis, Chalcidicum

3 Chalcidicum. Basis einer Statue des vergöttlichten Augustus

4 Korinthisches Kapitell. Alexandria, Museum

5 Macellum. Außenseite der Westmauer

1 Stele mit Weihung an Claudius. Forum vor dem Roma-Augustus-Tempel

2 Livia. Vom Theater. Tripoli, Nationalmuseum

3 Macellum. Außenseite der Westmauer, Detail

1 Theater. Tribüne über dem nördlichen Ausgang

2 a–d Münzen des Tiberius (a. b) und des Augustus (c. d) aus Lepcis Magna, s. S. 32

3 Theater. Widmungsinschrift über dem nördlichen Ausgang

1 Theater. Ausschnitt der Widmungsinschrift des Tempels der Ceres Augusta

2 Forum. Straße zwischen Capitolium und Roma-Augustus-Tempel

3 Theater. Widmungsinschrift über dem südlichen Ausgang

1 Porta Augusta Salutaris von Südwesten

2 Chalcidicum. Westflügel der Front mit „Via Triumphalis“

3 Porta Augusta Salutaris. Widmungsinschrift

4 Chalcidicum. Widmungsinschrift, Ausschnitt aus dem westlichen Flügel

1 Forum. Roma-Augustus-Tempel, östlicher Aufgang zum Podium

2 Ehrendenkmal des C. Gavius Macer

3 Forum. Roma-Augustus-Tempel, Schiffsschnabel

4 Ehrendenkmal des C. Gavius Macer. Widmungsinschrift

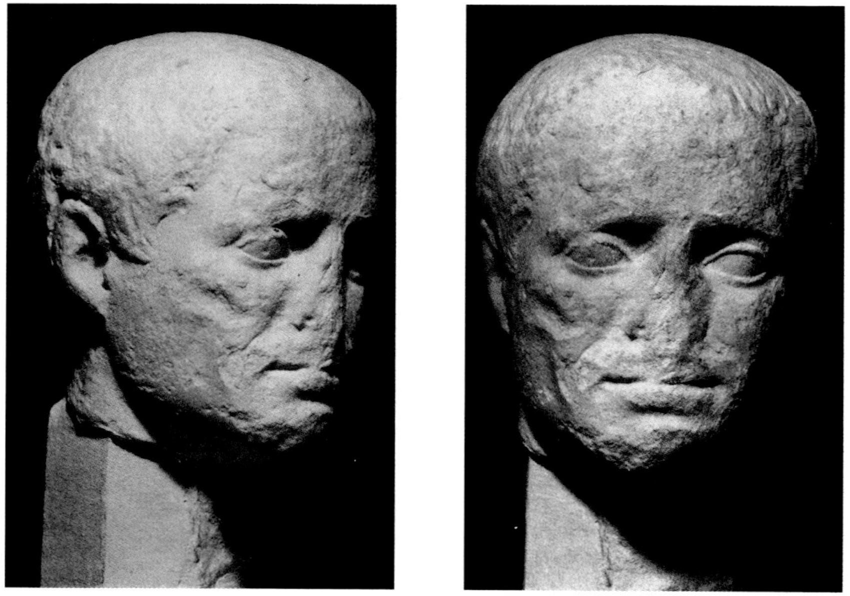

1

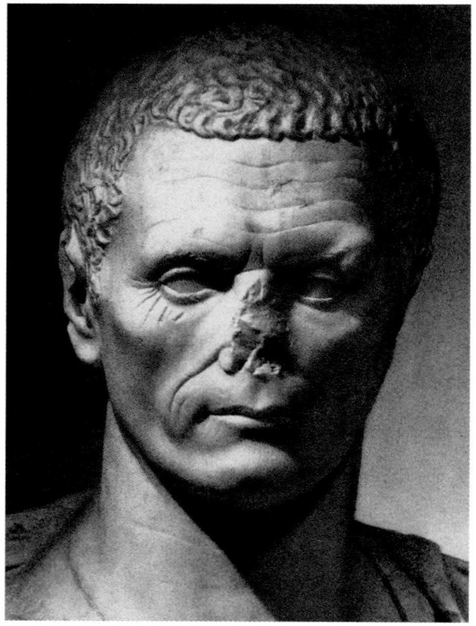

2

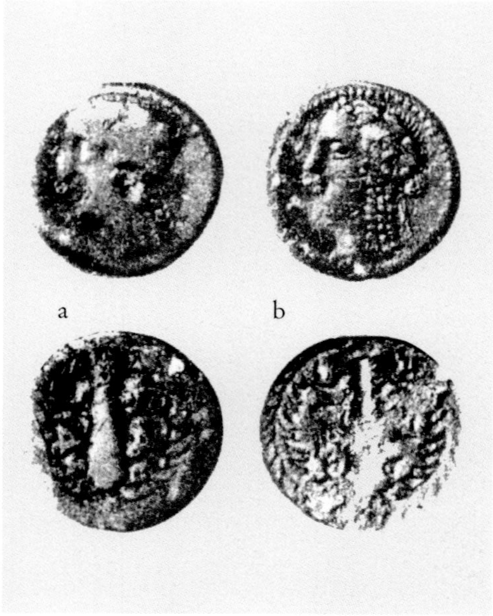

3

1 a. b Bildnis vom Theater. Lepcis Magna, Museum 2 Iddibal Caphada Aemilius. Kopf der Statue auf Taf. 11,1 3 a. b Semis (?) aus Lepcis Magna; s. S. 32

4

5

4 a. b und 5 a. b Bildnisse vom Theater. Lepcis Magna, Museum

1

2
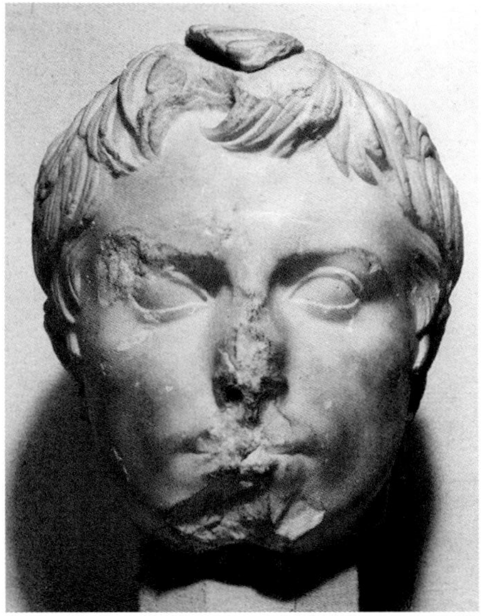
3

4

1 Roma. Vom Roma-Augustus-Tempel auf dem Forum. Tripoli, Nationalmuseum 2 Augustus. Vom Chalcidicum. Tripoli, Nationalmuseum 3. 4 Kalksteinköpfe vom Hafenbereich. Tripoli, Nationalmuseum

5

6

7

5 Augustus. Vom Roma-Augustus-Tempel auf dem Forum. Tripoli, Nationalmuseum 6 Augustus. Vom Roma-Augustus-Tempel auf dem Forum. Lepcis Magna, Museum
7 a. b Alexander der Große (?). Lepcis, Depot der Antikenverwaltung (?)

1 Iddibal Caphada Aemilius. Vom Chalcidicum. Tripoli, Nationalmuseum 2 Togastatue vom Chalcidicum. Tripoli, Nationalmuseum

← Tafel 10, 1–4 Togastatuen vom Theater. 1. 2 (oben): Lepcis Magna, Antikenverwaltung; 3. 4 (unten): Lepcis Magna, Theater

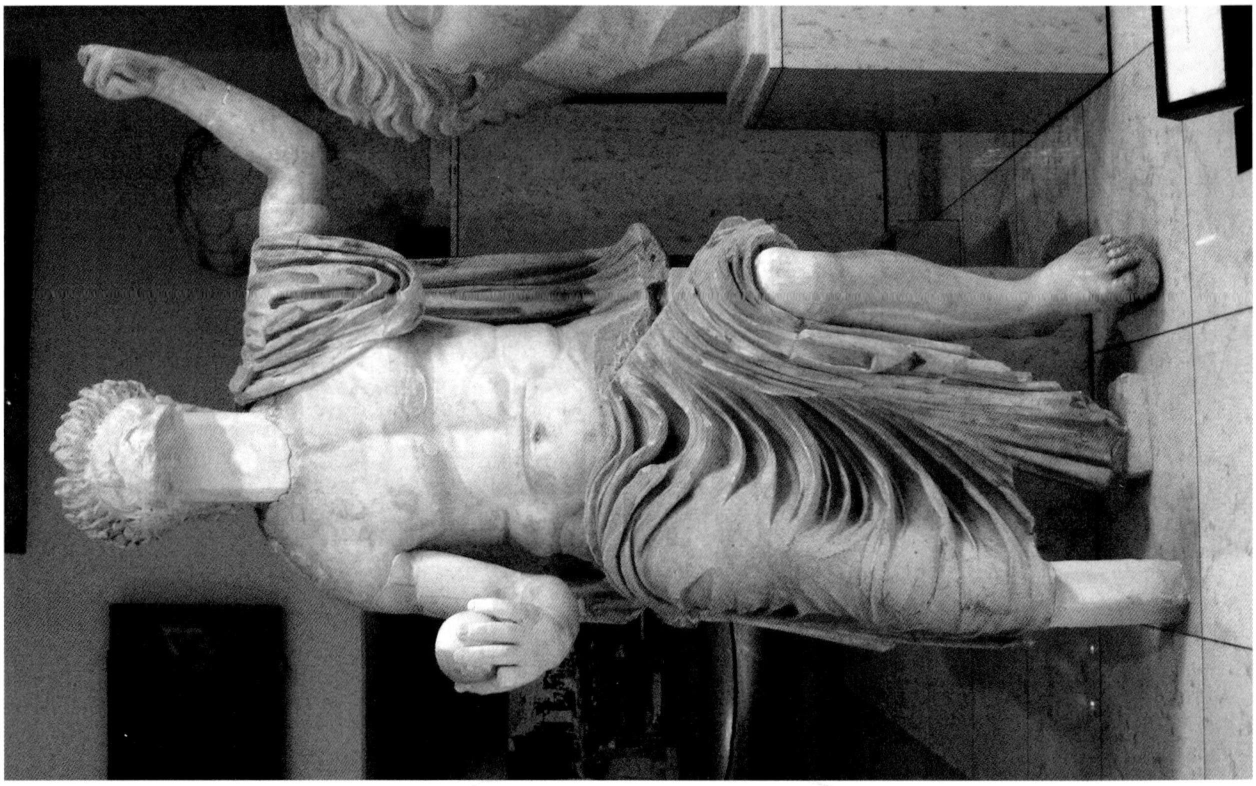

1. 2 Augustus und Livia. Vom Forum. Tripoli, Nationalmuseum